The Innermost Secret of British Royal Education

영국 왕실의 자녀 교육

EIKOKU OUSHITURYU KYOUIKU NO GOKUI
Copyright © Mari Ono 2015
All rights reserved.

First original Japanese edition published by KAWADE SHOBO SHINSHA Ltd. Publishers.
Korean translation rights arranged with KAWADE SHOBO SHINSHA Ltd. Publishers., Japan
through CREEK&RIVER Co., Ltd. and PLS Agency

이 책의 한국어판 저작권은 PLS와 크릭앤리버 재펜을 통한 저작권자와의
독점 계약으로 북씽크에 있습니다. 신저작권법에 의해 한국어판의 저작권 보호를
받는 서적이므로 무단 전재와 복제를 금합니다.

The Innermost Secret of British Royal Education

영국 왕실의 자녀 교육

오노 마리 지음 | 강지은 옮김

머리말 · 7

Chapter 1 **Old Royal Family – 19세기에서 20세기에 걸친 왕실교육**

어린 빅토리아를 뒷받침한 가정교사 – 빅토리아 시대의 왕실교육 · 12
로열패밀리를 변화시키다! – 교양 높은 프린스 앨버트 공 · 20
에드워드 시대의 대학교육 – 에드워드 7세와 옥스퍼드대학교 · 25
일본 왕실의 본보기 – 조지 5세의 제왕학 · 27
밝고 쾌활한 플레이보이 에드워드 8세 – 모성애를 갈망한 왕자의 사랑 · 30
아동기의 콤플렉스가 '킹스 스피치'를 탄생시키다! · 34

Chapter 2 **New Royal Family!**
– 엘리자베스 2세부터 다이애나 전 왕세자비까지, 20세기 왕실교육

로열패밀리의 교육을 바꿨다!? – 미래 여왕의 군용트럭 · 40
로열패밀리의 교육개혁! – 찰스 왕세자의 학교생활 · 50
다이애나 공주 – 영원한 프린세스를 양성한 복잡한 가정환경 · 66

Chapter 3 **Our Young Prince – 인기 절정인 로열브라더스의 교육**

윌리엄 왕자 – 상냥하고 수줍음 많은 왕자를 기른 교육 · 78
해리 왕자 – 인기 급상승인 난봉꾼 왕자가 받은 교육 · 111

Chapter 4 **Mum, Mummy, Mother!** – 영국의 이상적인 어머니상

　20세기 로열 우상 퀸 마더 · *120*

　마미(mommy)로 일약 인기를 회복!? – 엄마에 대한 사랑은 영원히 · *127*

　다이애나 전 왕세자비에서 캐서린 비까지 · *129*

Chapter 5 **New Royal Baby!** – 영국왕실의 새로운 교육혁신

　조지 왕자 – 장난꾸러기 미래의 왕을 기다리고 있는 교육 · *136*

　샬롯 공주 – 새로운 로열 에듀케이션의 개막 · *149*

Chapter 6 **Royal Global Education!** – 영국 왕실의 글로벌 교육

　일본에서 영국으로 – 우리 아이를 왕자 & 공주로 키우는 방법 · *156*

　진정한 글로벌을 지향하는 영국유학 · *163*

맺음말 · *168*

참고문헌 · *171*

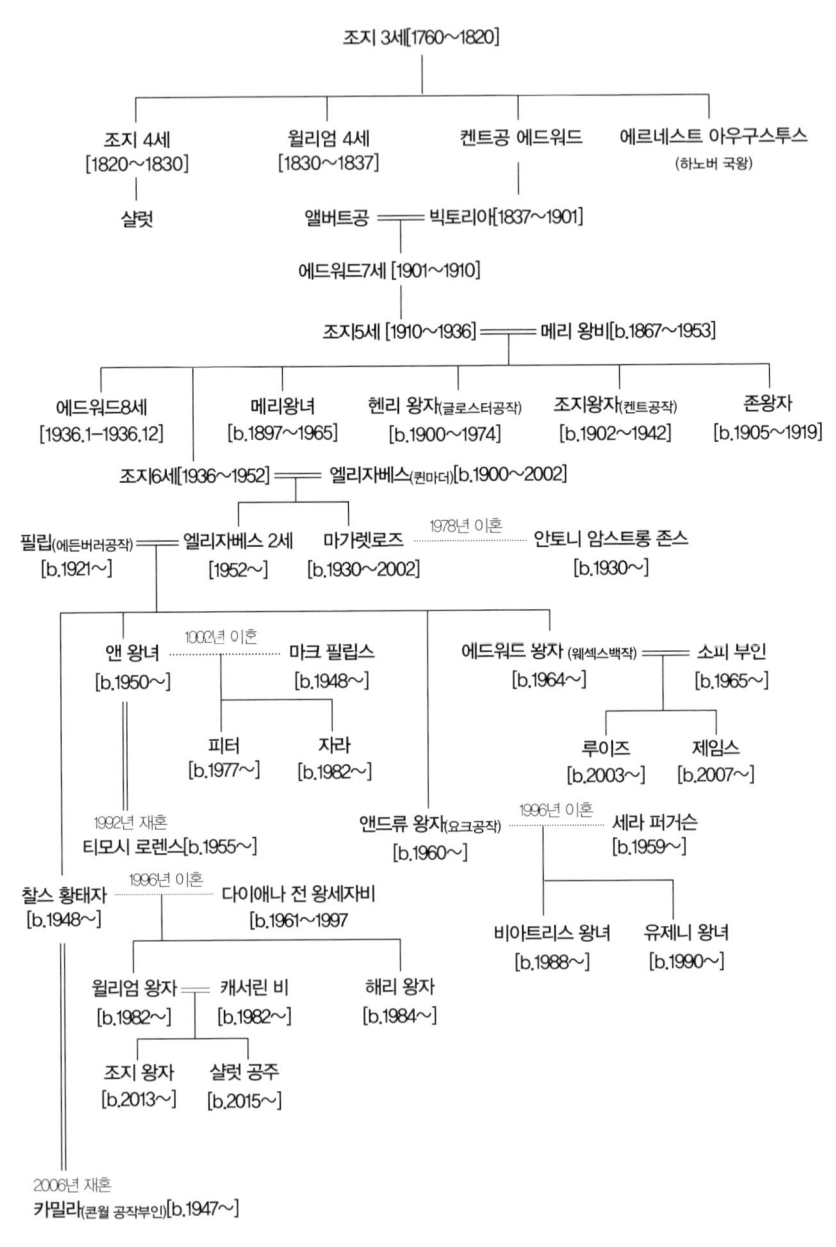

'영국식 교육'이라는 말을 들으면 어떤 교육이 상상되는가? 내가 일본에 있을 때에는 일본도 교육수준이 높기 때문에 영국과 일본의 교육이 크게 다르지 않을 것이라고 단순하게 생각했었다.

그리고 2002년 7월, 당시 7살이었던 아들을 데리고 일본인 남편과 함께 영국으로 이주했다. 알파벳도 제대로 배운 적이 없는 초등학교 2학년생인 아들을 현지학교로 전학시키고, 엄마라는 입장에서 영국의 초등교육, 중등교육, 그리고 대학 입시를 경험했다.

그동안 영국의 교육을 직접 경험하면서 일본에서 안이했던 내 생각은 모조리 사라지고 놀라움과 감탄, 때로는 분노를 느끼며 하루하루를 보냈다. 그만큼 일본과 영국의 교육이 많이 달랐던 것이다.

또한 동 시기에 영국에서는 고 다이애나 전 왕세자비가 남긴 두 명의 프린스인 윌리엄 왕자와 해리 왕자의 뉴스가 자주 미디어에 보도되어, 그들의 성장과 우리 아들의 성장을 함께 바라볼 수 있었던 점도 대단히 운이 좋은 일이었다.

그리고 2013년 7월, 윌리엄 왕자와 캐서린 비 사이에서 대망의 첫째 아이이자 미래에 영국 왕이 될 조지 왕자가 태어났다. 또한 2015년 5월에는 둘째인 샬롯 공주가 탄생했다. 또 그 직전에는 윌리엄 왕자가 일본을 공식 방문했는데, 그의 온화한 성품에 많은 일본인들이 감동을 받았다고 한다.

나는 업무상 영국의 역사적 건조물과 그곳에서 일하는 사람들, 자원봉사자들을 수없이 접하고 만나 왔다. 그리고 운 좋게도 로열 패밀리와 'Sir'나 'Lady'로 불리는 귀족들과도 친분을 쌓을 수 있는 기회가 많았다. 건물과 사람 모두 역사와 함께 기품과 품위가 느껴져, 그 근저에는 도대체 무엇이 있는지 늘 궁금했었다.

영국은 알다시피 일본과 같이 긴 역사를 가진 섬나라이다. 또한 영국도 일본과 마찬가지로 왕실이 있다. 하지만 교육면에서의 차이는 매우 컸으며, 수 년 전부터 이 교육 안에 영국의 매력 하나가 숨어있는 것같이 느껴졌다.

전 세계 아이들의 이목을 집중시킨 '해리포터 시리즈'를 예로 들어보자. 해리포터의 무대가 된 마법마술학교 '호그와트 스쿨'은 어디까지나 이야기에서 만들어낸 가공의 학교지만, 로열패밀리를 정점으로 한 영국 상류계급의 자제들이 다니는 '퍼블릭스쿨'이 모델이다.

그리고 그 퍼블릭스쿨의 원점은 기숙학교로 영국에서 말하는 '보딩스쿨'이다.

나는 운 좋게도 영국에 이주한 이후로 일본인 유학생을 서포트하는 업무와 영국 보딩스쿨에서 실제로 근무하면서 기숙학교 전반에 걸친 심리요법 케어 및 복지에 대해 전문적으로 배울 수 있는 기회를 얻었다.

이곳에는 일본에서는 생각지도 못하는 기숙학교의 전인교육에 영국 독자적인 교육 이론이 존재하고 있었다.

이 책에서는 영국왕실의 양육 및 교육의 역사를 되돌아보면서 영국 교육에 대해 소개하고자 한다.

동시에 영국에는 있지만 일본에는 없는 것, 혹은 잊혀져가는 육아에 대한 키포인트 및 일본에서도 실천할 수 있는 글로벌 엘리트 양육법, 또 영국식 이중언어자 교육 등에 대해 필자의 체험과 학습을 통해 얻은 모든 것들을 가능한 한 알기 쉽게 설명해 보고자 한다.

이 책을 통해 육아 절정기에 있는 일본의 엄마와 아빠, 그리고 아이들의 교육에 종사하고 있는 모든 분들에게 도움이 되길 바란다.

오노 마리

Chapter 01

Old Royal Family

19세기에서 20세기에 걸친 왕실교육

먼저 빅토리아 여왕이 받은 교육을 필두로
19세기에서 20세기에 걸친 왕실 및 상류계급의
교육 특징에 대해 살펴보자

어린 빅토리아를 뒷받침한 가정교사
빅토리아 시대의 왕실교육

가정교사가 담당하는 여자교육

1819년 5월 24일, 런던 켄싱턴 궁전에서 한 명의 여자아이가 태어났다. 알렉산드리나 빅토리아, 불과 18세의 나이에 하노버 왕가 6대 여왕으로 즉위한 빅토리아 여왕이다. 빅토리아 여왕이 자란 19세기의 영국에서 특히 상류계급 여자아이들의 교육은 '거버너스(governess)'라고 불리던 가정교사가 담당했다. 당시에는 아직 여자들은 학교 교육이 필요하지 않다고 생각하던 시대였다. 그 중에서도 신분이 높은 왕실이나 귀족 등의 상류계급의 여자들은 비위생적인 세상과는 최대한 접촉하지 않도록, 아무리 어린 아이들끼리라도 신분이 다르면 놀지 않도록 주의를 기울이고 있었다.

거버너스는 공부를 가르치기보다는 '교양'과 '여성으로서의 몸가짐' 등 '레이디'로서 사교계에 데뷔하기까지 그 신분에 적합한 예절 전반을 가르치는 교육담당자로서 자리매김하고 있었다.

'교양' 과목으로는 음악(피아노 및 하프 등 악기연주), 미술(유화 및 수채화), 바느질(여기서 바느질은 수선의 의미가 아닌 자수 등의 수예를 말함), 외국어(불어 및 독일어 등), 역사 및 지리 등 다방면에 걸쳐있다. 그 교양교육의 질과 수준은 전문가 거버너스를 몇 명이나 고용할 수 있는지의 여부, 즉 교육에 쏟아 붓는 그 집안의 경제력에 따라서도 차이가 났다. 우수한 거버너스의 존재 그 자체가 그 집안의 계급과 사회적 지위의 척도가 되었기 때문에 상류계급에서의 거버너스는 중요한 인재 중 하나였다.

그렇다면 빅토리아 여왕의 거버너스에 대해 살펴보도록 하자. 빅토리아에게는 5세 무렵부터 루이제 레첸이라는 독일인 거버너스가 있었다. 레첸은 당시 40세였고 빅토리아의 어머니(켄트 공의 부인)와 같은 하노버 출신으로 18년에 걸쳐 빅토리아의 교육담당자로서 함께 생활했다. 당연히 레첸이 여왕에게 끼친 영향은 매우 컸으며, 후세에 남을 '저명한 거버너스'의 한 명으로 거론되고 있다.

영화로 알 수 있는 빅토리아 시대의 '유명 거버너스'

일본에서 거버너스는 별로 친숙하지 않은 직종이다. 그렇다면 영화에 나오는 저명한 거버너스를 소개해보겠다.

1956년에 공개된 뮤지컬영화 '왕과 나'에서 '나'는 태국 국왕 라마 4세의 왕세자(라마 5세)의 거버너스로 고용된 영국인 부인 안나 레오노웬스(1831~1915)이다.

무대에서도 영화에서도 영국과 태국의 문화나 습관의 차이로 충격을 받은 안나 선생이 매우 영국인답게 표현되어 있어 보는 이들의 웃음을 자아낸다. 여기에 나오는 안나 선생은 실존인물이며, 그녀의 자식은 태국 왕족의 딸과 결혼하기에 이르렀다.

또한 1962년에 영화화된 '미라클 워커'를 통해 잘 알려진 설리번 선생인 앤 설리번(1866~1936)은 삼중고의 소녀 헬렌 켈러의 거버너스가 되어 헬렌 켈러가 세계적인 사회복지활동가로서 활약하기까지 헬렌켈러를 뒷받침해주었다.

'미라클 워커'는 헬렌 켈러를 교육시킨 설리번 선생을 말한다. 그녀 또한 유명한 거버너스의 정점에 선 한 명이기도 하다.

1965년에 공개되어 전 세계에서 크게 히트 친 뮤지컬영화 '사운드 오브 뮤직'은 빅토리아 시대로부터 반세기 정도 지난 후의 일이긴 하지만, 오스트리아 잘츠부르크 폰 트랩가의 일곱 형제자매들의 거버너스로 고용된 마리아가 주인공이다. 거버너스인 마리아와 폰 트랩가의 주인 게오르크(트랩 대위)가 맺어지게 되는데, 거버너스를 주인공으로 한 이야기에는 자주 나오는 설정이다. 당연히 실제로도 이러한 일이 적지 않았으리라 생각된다.

영화보다 소설로 더 유명한 샬롯 브론테의 '제인에어'는 고아인 제인이 거버너스로 살면서 그 저택의 주인과 맺어지는 이야기이다. 2011년에 영화화된 버전에서는 영국의 더비셔 귀족의 집을 촬영지로 사용해 아카데미상 의상디자인상으로 노미네이트되기도 한 아름다운 영화이다. 또한 영국 거버너스의 생활양식을 잘 알 수 있는 내용이므로 추천하는 바이다.

이야기의 본론으로 돌아가서, 레첸이 빅토리아 여왕의 거버너스로 켄싱턴 궁전에서 일하게 되었을 때에는 이미 빅토리아가 장래 영국의 군주가 될 가능성이 현실화되고 있었다. 아버지인 켄트 공 에드워드는 빅토리아가 탄생한지 불과 8개월 만에 서거했고, 그 후 어머니 켄트 공작부인과 켄트 공작가의 집사였던 존 콘로이 경에 의해 '켄싱턴 시스템'이라고 불렸던 '장래 군주'로서의 교육과 생활환경이 빅토리아에게 시작되었다.

이 켄싱턴 시스템은 매우 악명 높았다. 예를 들면 빅토리아가 아동기였을 때 함께 놀 수 있는 아이는 켄트 공작부인에게서 태어난 이복형제나 콘로이의 딸 등 한정된 사람들뿐이었다. 그리고 빅토리아를 세상과 차단시키고 정결과 도덕을 중시하는 교육이 이루어졌다. 어린 빅토리아에게는 외롭고 고독하며 무미건조한 궁정 생활이었다. 이런 켄싱턴 시스템의 이면에는 곧 군주가 될 빅토리아를 자신의 생각대로 조종하고, 그 권력을 장악하고자 하는 콘로이와 켄트 공작부인의 의도가 있었다고 알려져 있다.

빅토리아의 고독하고 지루한 생활 속에 어머니 이상으로 애정을 갖고 대해주고, 기쁨도 슬픔도 함께 나눈 사람이 거버너스인 레첸이었다. 보통 거버너스는 아무래도 고용된 자이기 때문에 고용주인 켄트 공작부인과 콘로이 편에 서서 그들이 원하는 대로 빅토리아에게 영향력을 행사할 수도 있었다. 하지만 레첸은 중립을 유지하며 항상 빅토리아의 옆에서 그녀를 뒷받침했다. 레첸이 비록 조금일지라도 영국의 역사에 영향을 끼쳤음에는 틀림이 없다.

빅토리아 즉위 후 켄싱턴 궁전에서 버킹엄 궁전으로 주거지를 옮겼을 때에도 레첸은 빅토리아의 상담역으로서 여왕의 옆방을 썼다. 한편 빅토리아 여왕은 어머니인 켄트 공작부인의 방을 자신의 방에서 멀리 떨어진 방으로 할당함으로써 예전처럼 어머니가 간섭하려는 것을 막았다.

빅토리아 시대의 워킹우먼, 거버너스

두말할 필요도 없이 거버너스는 여성 가정교사를 말하며, 빅토리아 여왕의 거버너스 레첸과 같이 그 가정에 살면서 어머니 대신에 레이디로서의 교양과 예의범절을 가르치는 교육 담당자이다. 당시 거버너스가 되는 첫 번째 조건은 상류계급 출신의 독신여성일 것이 절대적 조건이었다.

하지만 상류계급에 해당하는 조건은 '일할 필요가 없는 것'이다. 즉, '노동의 대가로서 임금을 받는 것'은 천박한 노동자계급이나 하는 행위라는 것이 상류계급 사람들의 인식이었다. 현대에 어퍼 클래스로 여겨지는 대기업의 오너나 의사, 변호사 등은 당시 영국에서는 중산계급으로 여겨졌었다.

예를 들면 일본에서도 열풍을 일으킨 드라마 '다운튼 애비(Downton Abbey)'의 주인공인 그랜섬 백작처럼 광대한 영토를 가지고 영토의 관리와 운영만으로도 생활이 가능한 자들만이 상류계급으로 정의되고 있었다. 귀족임을 나타내는 작위를 갖고 있는 것보다 더 좋은 것은 없지만, 19세기가 되자 작위는 없지만 부를 이뤄내 '일하지 않고'도 젠틀맨으로서 생활할 수 있는 상류계급에 속하는 자산가들이 상당히 많은 수 존재했다.

이런 상류계급의 가정에서 태어난 여자아이는 '다운튼 애비'를 통해 잘 알려진 바와 같이 남자만 재산을 상속 받을 수 있는 '한사(限嗣) 상속'에 의해 그 지위와 장래가 상당히 불안정했다.

결혼할 나이가 되어 부모와 비슷한 수준의 자산가에게 시집을 가게 되면 그나마 안심이다. 하지만 상대를 찾지 못하거나, 후계자가 될 형제가 결혼을 해 시누의 입장이 되거나, 어떠한 문제로 자립을 강요받았을 때에 유일하게 상류계급 출신의 딸로서 체면을 유지할 수 있었던 직업이 거버너스였던 것이다.

여왕을 뒷받침한 교육 담당자는 수상(Prime Minister)

빅토리아는 여성인데다가 또한 어린 나이에 여왕이 되었기 때문에 영국 군주로서의 교육이 필요했다. 여기서 어머니 켄트 공작부인과 콘로이 대신 등장한 인물이 그 당시의 수상(국무총리)인 제2대 멜버른 자작이다.

멜버른 자작이 빅토리아의 조언자 임무를 맡게 된 것은 왕위에 오른 직후의 일이었다. 멜버른 자작의 개인실이 여왕과 같은 원저 성에 설치되었고, 하루의 대부분을 빅토리아와 함께 지냈다고 한다. 그 둘의 모습은 마치 부모자식을 보는 것 같다고 할 정도였다.

멜버른 자작은 이튼 컬리지를 거쳐 글래스고 대학교, 케임브리지 대학교에서 공부했으며, 변호사 출신의 정치가로 상당한 엘리트였다. 영국 상류계급의 엘리트 교육을 받으며 성장한 자작은 언행도 매우 스마트했으며, 어린 빅토리아가 실제로 의지할 만했던 인물이었을 것이다. 60년 이상 계속된 빅토리아 여왕의 눈부신 존위를 뒷받침한 최초의 인물이라고 말할 수 있다.

로열패밀리를 변화시키다!
교양 높은 프린스 앨버트 공

문무 모두에서 우수했던 프린스

또 한 사람, 빅토리아 여왕을 말할 때에 잊어서는 안 될 사람은 부군이었던 앨버트 공이다. 앨버트 공은 빅토리아 여왕과 같은 나이였는데, 상류계급에서의 남녀 교육이 크게 달랐던 시대임을 반영이라도 한 듯이 제대로 된 교육을 받았다. 영국 미래의 군주인 빅토리아에 비해 앨버트 공은 독일 중부에 위치한 작은 공국의 왕자에 불과한 신분이었지만 빅토리아보다도 훨씬 높은 교양과 지식을 겸비하고 있었다.

앨버트 공은 어린 시절부터 상류계급의 관례대로 자택에서 개인교수에 의해 교육받았다. 남자의 경우에는 같은 교육 담당자라도 '거버너스'라고 부르지 않고, '튜터(tutor)'라고 부르는 개인교수가 그 집에 고용되었다. 현재 영국에서는 '거버너스=가정교사'의 의미로는 거의 쓰지 않는 죽은 단어에 가깝지만, '튜터'는 '교사' 및

'가정교사'의 일반명사로써 지금도 일반적으로 쓰이고 있다.

청년이 된 앨버트 공은 독일의 다른 왕자들과 마찬가지로 본 대학교에 진학해 법률, 정치, 경제, 철학, 미술사를 공부했다. 또한 음악이나 펜싱, 승마 등에도 능했으며 문과 무 모두 출중한 멋진 왕자로 성장했다.

1836년, 앨버트 공과 빅토리아가 17세일 때 만남이 이루어졌다. 첫눈에 반했다고 알려진 두 사람의 사랑은 2009년 영화 '더 영 빅토리아'(빅토리아 여왕의 세기의 사랑)에 상세하게 그려져 있다. 기회가 된다면 꼭 보길 바란다.

그리고 영화 속에서도 잘 그려져 있지만, 앨버트 공이 왕실에서 실시했던 수많은 개혁들은 그동안 낭비와 스캔들 투성이로 국민들에게

1840년 2월 10일, 세인트 제임스 궁전에서 거행된 결혼식 후의 빅토리아 여왕과 앨버트 공

평판이 나빴던 로열패밀리의 이미지를 쇄신시켰다.

특히 앨버트 공은 국민생활의 기반이 되는 교육, 복지, 산업에 깊은 이해를 나타냈으며, 국민생활을 지원해 그 후의 영국 발전에 온 힘을 다했다. 또한 앨버트 공과 빅토리아 여왕의 화목한 가정생활은 영국인 가정의 육아환경에도 큰 영향을 미쳤다.

빅토리아 시대에 탄생한 이상향, 홈 스위트 홈

빅토리아 시대는 18세기부터 계속된 산업혁명으로 인해 정부, 서민 모두 종래에 없던 '풍요로움'을 누릴 수 있는 시대였다. 물론 계급사회로 인해 격차는 컸고, 산업의 공업화로 농촌에서 도시로 나온 노동자 계급의 생활환경은 매우 열악했다. 하지만 농촌의 생활과 분명하게 달랐던 것은 일에 종사하는 시간과 가정에서 지내는 시간이 현재와 같은 근대사회와 상당히 비슷한 형태가 되었다는 것이다.

그리고 같은 시기에 빅토리아 여왕과 앨버트 공의 로열 커플 사이에서 잇달아 공주, 왕자가 태어났고, 불과 20년 동안의 결혼생활 속에서 9명의 귀한 자식들을 얻었다. 둘의 잉꼬부부와 같은 모습, 로열패밀리의 행복하고 단란한 가족의 모습은 지금까지 왕실에 대한 부정적인 이미지를 불식시키기에 충분한 효과가 있었다. 여왕 일가의 단란한 모습을 그린 포스터는 크리스마스 당시에 불티나게 팔렸다.

빅토리아 여왕과 성실하고 온화한 앨버트 공의 '가정인'으로서의 남편상은 영국 국민들 사이에 이상적인 부부상이 되었으며, 중산계급의 절대적 인기 속에 전폭적인 지지를 받았다. 아마 지금의 윌리엄 왕자와 캐서린 비의 인기 수준이었을 것이다.

또한 이 당시 영국에서는 따뜻한 가정생활을 노래한 '홈 스위트 홈'이라는 노래가 유행했다. '홈 스위트 홈'이라는 단어는 현재에도 영국의 근사한 잡화점에서 많이 사용되고 있다. 영국을 이해하기 위해서는 영국인들은 '집이 최고'라고 생각한다는 점을 염두에 두어야 한다.

이러한 생각은 빅토리아 여왕이 지금도 굳건하게 인기를 누리는 이유이며, 150년이 지난 현재에도 로열패밀리뿐만 아니라 영국

전체의 육아 및 가정교육에 지침이 되고 있다.

게다가 또 한 가지, 빅토리아 여왕과 앨버트 공이 영국 교육에 남긴 커다란 공적이 있다. 그것은 1851년에 하이드파크에서 개최된 런던엑스포다. 이 세계적인 엑스포는 앨버트 공을 중심으로 추진되었으며 대성공을 거뒀다. 그 수익은 막대했으며 현재 켄싱턴 지구의 개발비용으로 충당되었다.

켄싱턴에 있는 빅토리아&앨버트 박물관, 과학박물관, 런던 자연사박물관 설립, 또한 주변도로의 이름도 앨버트 공 자신이 직접 지었다. 그리고 입장료는 150년 이상이 지난 지금 현재에도 무료이다. 이러한 시설은 영국뿐만 아니라 전 세계에서 수학여행으로 찾아오는 아이들에게 세계 최고 수준의 교육시설로 이용되고 있다.

또한 1870년에 제정된 영국 최초의 초등교육법의 시행은 앨버트 공이 급서한 9년 뒤의 일이지만 예전부터 빅토리아 여왕과 앨버트 공이 사회복지 향상에 온 힘을 쏟으며 오랜 시간 바라던 염원이 결실을 맺은 것이다. 이 법률은 신분에 상관없이 5세에서 13세의 모든 아이들이 교육을 받을 수 있도록 제도화한 것이며, 현대 영국 의무교육의 초석이 되었다.

에드워드 시대의 대학교육
에드워드 7세와 옥스퍼드대학교

대학교에서 최초로 공부한 군주

1901년 빅토리아 여왕은 63년 7개월이라는 긴 재위기간에 마침표를 찍었다. 빅토리아 여왕의 왕위를 계승한 사람은 당시 59세였던 장남 에드워드 7세였다. 에드워드는 영국 역사상 가장 긴 왕세자 시절을 보낸 인물(2015년 현재)로 유명하지만, 영국의 역대 군주 중에 처음으로 대학에서 공부한 국왕이기도 하다.

빅토리아 여왕과 앨버트 공은 에드워드가 탄생한 그 순간부터 미래의 국왕으로서 적합한 교육을 시키기 위해 많은 시도를 했다. 먼저 부모가 지향했던 것은 미래의 에드워드가 영국 입헌군주제의 모델이 될 수 있도록 하는 교육이었다.

'입헌군주'란 '국왕은 군림하지만 통치는 하지 않는다.'는 현재 영국이나 일본에서 볼 수 있는 정치형태로, 이미 1689년에 영국에서 '권리 장전'으로 성문화되어 있다. 하지만 현재와 같은 형태가 되기까지는 상당한 시간이 걸린 듯하다. 부부 사이가 좋기로 유명했던 빅토리아 여왕과 앨버트 공이었지만 빅토리아의 정치 참여가 화근이 되어 부부 싸움에 이른 적도 적잖이 있었던 모양이다.

입헌군주제의 안정

아무튼 두뇌명석하고 뛰어난 선견지명을 가진 앨버트 공은 로열패밀리가 오랫동안 존속하기 위해서 보다 명확한 입헌군주제의 안정이 필요하다고 생각했을 것이다. 그 염원을 담아 에드워드의 교육은 7세부터 본격적으로 이루어졌다. 앨버트 공이 만든 엄격한 교육 프로그램의 일환이지 에드워드의 가정교사로 이튼 킬리지에서 교사로 근무하던 헨리버치를 비롯한 다수의 교사들이 고용되었다. 참고로 이튼 컬리지는 영국을 대표하는 퍼블릭스쿨 중 하나이다. 다만 에드워드는 빅토리아 여왕과 앨버트 공의 기대에 미칠 정도로 공부를 좋아하지는 않았다고 한다. 하지만 만년에 왕위에 오른 에드워드 7세는 유능한 군주로서 다양한 외교에 수완을 발휘했으며 영국의 중등교육을 제도화시켰다.

일본 왕실의 본보기
조지 5세의 제왕학

해군은 남자아이에게 최고의 교육현장

1910년, 에드워드 7세는 불과 9년 만에 재위를 마쳤고 그의 차남인 조지 5세가 그 뒤를 계승했다. 어린 시절에는 한 살 위인 형 앨버트 빅터와 함께 여느 로열패밀리와 같이 우수한 가정교사들에게 교육을 받았다. 하지만 공부는 그다지 잘하지 못했다고 한다.

12살에는 형과 함께 해군사관학교에 입학해 연습선 브리타니아에서 교육을 받게 된다. 영국해군과 로열패밀리와의 인연은 조지 5세 때부터 현재에 이르기까지 계속되고 있다. 왜냐하면 조지의 아버지 에드워드 7세가 '남자아이들에게 있어 최고의 교육 현장'은 해군이라고 생각했기 때문에 이를 교육방침으로 삼고 있기 때문이다.

형 빅터는 그 후 케임브리지 대학교의 트리니티 컬리지에 진학했지만, 조지는 그대로 해군에 남아 군인으로서의 커리어를 쌓았다. 하지만 형이 폐렴으로 급사해 아버지의 뒤를 이을 왕위 계승자가 되는 바람에 27세에 퇴역한다. 해군군인으로서의 교육에 의한 것인지 조지 자신의 자질에 의한 것인지는 알 수 없지만 재위 25주기의 기념식전에서 자신을 '아주 평범한 일개의 사람에 불과하다.'고 국민에게 말해 진실되고 강건하며 훌륭한 군주로서 국민들에게 많은 사랑을 받는 존재가 된다.

12세에 해군! 기절초풍할 조기교육

불과 12살에 해군사관학교라고 하면 너무 빠른 것은 아닌지 걱정이 되지만, 실제로 21세기인 현재에도 군대의 조기교육은 존재한다.

영국은 일본과 같이 작은 섬나라지만 빅토리아 시대에 7개의 바다를 제패했으며, 현재도 강대한 군사력을 유지하고 있다. 그리고 그 군의 명목상 수장은 영국군주이다. 영국군의 명칭은 '국왕/여왕 폐하의 군(His/Her Majesty's Armed Forces)'이며, 군대에 입대한다는 것은 왕실을 섬기겠다는 의미이기도 하다.

그만큼 로열패밀리와 군대는 떼려야 뗄 수 없는 인연으로 연결되어 있다. 역대 왕자들도 어떠한 형태로든 군대에 입대해 훈련을 받았다. 이것은 왕위에 가까우면 가까울수록 피할 수 없는 제왕학 교육의 일환이다. 또한 왕실뿐만 아니라 영국의 사관학교에서도 훈련을 받는 상류계급의 자식이 상당히 많다. 그리고 이것은 21세기 현재에도 끊이지 않고 계승되고 있다.

그렇다면 일반서민과 군대는 어떤 관계일까. 영국에는 징병제도가 없기 때문에 군대에 흥미가 없는 젊은이들에게 군대란 그저 머나먼 존재일 뿐이다. 하지만 중등교육의 현장, 특히 퍼블릭스쿨 등의 상류계급의 교육 현장에서는 서클활동처럼 가벼운 마음으로 군사훈련을 받을 수 있도록 되어 있다. 또한 이것은 나라에 대한 봉사활동의 하나로 간주되어 교육 현장에서도 높게 평가받고 있다.

일반인 아이들 대상으로도 '사관후보생(cadet)' 체험활동이 영국 각지에 점점이 흩어져 있는 분대거점에서 이루어지고 있다. 대상 연령은 12세에서 18세의 젊은이로, 예를 들면 육군 사관후보생의 경우 현재 1,600개 분대에서 약 4만 1,000명의 10대들이 주 2회 정도의 비율로 훈련을 받고 있다. 보이스카웃이나 걸스카웃에 참가하는 것처럼 아주 가볍게 참가할 수 있는 반면 내용은 아주 알찬 군사훈련이라 조금 놀랍기도 하다.

밝고 쾌활한 플레이보이 에드워드 8세
모성애를 갈망한 왕자의 사랑

'학대'의 상처를 안고

아무리 미래의 국왕, 여왕이 될 사람일지라도 그 신분과 계급에 상관없이 여느 사람과 같이 마음을 가진 한 명의 사람임에는 틀림이 없다. 어릴 적에는 부모의 따뜻한 사랑을 통해 안정감과 평온함을 느끼며 성장해 나간다. 무대가 왕실로 바뀌면 이러한 기본적인 것들도 상당히 어려워진다.

밝고 쾌활한 플레이보이이자 국민들로부터 절대적인 인기를 누렸던 에드워드 8세는 어렸을 적 모성애에 대한 갈망으로 훗날 한 나라의 운명을 바꿨다.

조지 5세의 왕위 계승자는 에드워드 8세였다. 에드워드 8세는 재위기관이 불과 325일에 불과했으며, '왕관을 건 사랑'으로 널리 알려져 있다. 조지 5세는 해군군인으로서도 국왕으로서도 국민들로부터 존경을 받으며 매우 인기 있는 국왕으로 대를 이을 에드워드 8세 데이비드를 엄격하게 교육시켰다. 또한 상류계급 및 왕실의 관습에 따라 부모가 아닌 내니라고 불리는 유모가 태어난 직후부터 데이비드를 키우며 예의범절을 가르쳤다. 로열패밀리들에게 내니의 존재가 엄청난 영향력을 미쳤다는 것을 알 수 있다.

그런 내니 중 최초의 내니 한 명이 데이비드와 그의 남동생(훗날 조지 6세)을 '학대'했다. 꼬집어서 울리고 밥을 주지 않는 등 내니의 학대가 밝혀질 때까지 3년이란 시간이 흘렀기 때문에 두 형제 모두 유아기 때 겪은 트라우마가 훗날의 인생에 큰 영향을 미쳤다.

그 후 7세까지 거버너스 헬렌 브리카가 교육을 담당했다. 엄격한 아버지 조지 5세와 애정표현이 서툰 어머니 메리 왕비 사이에서 태어난 데이비드에게 거버너스 헬렌이나 상냥한 내니들의 존재는 마음의 안식처였는지도 모른다. 그의 유소년기의 경험 탓인지 청년기를 거쳐 왕세자가 된 후에도 연상의 여자들만 쫓아다니며 천하의 플레이보이라고 불리기도 했다. 그리고 유부녀이자 연상의 여인인 심슨부인과의 사랑을 이루기 위해 결국 왕위를 버린다.

왕관을 건 사랑을……

여기서 시간을 살짝 되돌려서 소년기 데이비드의 교육에 대해 살펴보자. 1901년 7세 때 증조모인 빅토리아 여왕이 서거한다. 그 후 조지 5세와 메리 왕비는 세계로 뻗어 나가는 대영제국을 시찰하기 위해 약 9개월 간 영국을 비우게 된다. 부모님이 자리를 비운 동안 데이비드와 형제들은 조부모 에드워드 7세와 알렉산드라 왕비 밑에 체재하며 조부모의 애정을 듬뿍 받았다고 한다.

하지만 부모님이 영국으로 돌아오자마자 다시 엄격한 교육이 시작되었다. 가정교사는 두 명으로 모두 남성이며 이름은 프레드릭 핀치와 헨리 한셀이다. 데이비드와 그의 형제들은 이 두 명의 교사들 손에 컸다.

1907년 13세가 되자 아버지의 뒤를 이어 해군사관학교생이 된다. 그곳은 로열패밀리의 연고지인 오스본 하우스를 개축한 왕립 해군사관학교다. 하지만 데이비드는 엄격한 기숙학교 생활을 도저히 쫓아가지 못해 매우 힘들어 했다고 한다.

해군사관학교에서의 2년을 마치면 다트머스 해군대학교에서 2년의 훈련을 더 받아야 하지만, 데이비드는 1910년 조부인 에드워드 7세가 승하함에 따라 왕세자로서의 생활을 해야만 했다. 그리하여 왕위 계승 서열 제1위로서 공무를 개시하고 제왕학 총정리에 돌입했다.

그 후 데이비드는 입학시험을 치를 준비가 되어있지 않았기 때문에 옥스퍼드 대학교 막달렌 컬리지의 정규 과정을 거치지 않고 수료한다. 다만 데이비드는 옥스퍼드 대학교의 폴로 클럽에서 처음으로 폴로를 배웠는데도 불구하고 대활약을 펼쳤다고 한다. 폴로는 왕실을 비롯한 영국 상류계급에서 인기 있는 스포츠다. 또한 지금도 찰스 왕세자, 윌리엄, 해리 등 로열 프린스들에게 인기 있는 취미 활동으로 유명하다. 그의 피를 이은 21세기 조지 왕자도 아버지 윌리엄 왕자의 폴로 경기를 관람하면서 성장하고 있다. 조지 왕자의 미래가 어떨지 기대된다.

아동기의 콤플렉스가
'킹스 스피치'를 탄생시키다!

예기치 않게 영국왕에

엘리자베스 2세의 아버지이자 조지 5세의 차남이었던 버티(조지 6세)는 형 에드워드 8세가 심슨 부인과의 결혼문제로 갑작스럽게 퇴위하는 바람에 예기치 못하게 영국왕이 되었다. 원래 버티는 내성적인 성격에 어렸을 적부터 말더듬증을 앓는 등 엄청난 고통에 시달렸었다. 이는 아카데미상을 수상한 2010년 개봉 영화 '킹스 스피치(The King's Speech)'에 상세히 그려져 있다. 기회가 된다면 꼭 보길 바란다.

영화에도 그려져 있지만 조지 6세는 형 에드워드 8세와 함께 내니로부터 학대를 받았다. 또한 그 학대로 인해 생긴 만성위염은 평생을 따라다니며 그를 괴롭혔다.

또한 5세 생일날부터는 왼손잡이를 오른손잡이로 바꾸기 위한 교정 훈련에 들어갔으며, 아버지를 닮은 안짱다리 교정을 위해 극

심한 통증이 동반되는 교정기를 착용당하기도 했다. 이와 같이 조지 6세는 매우 고통스러운 아동기를 보냈다. 사면초가였던 아동기, 그에 따른 각종 스트레스가 말더듬증이라는 형태로 표출된 것이라고 생각한다. 어린 시절의 환경이 그 사람의 인생을 크게 좌우한다는 사실을 뼈저리게 느낄 수 있는 대목이다.

영국풍 생일파티로 애정을 듬뿍 표현

어린 아이들에게 애정을 쉽게 표현하는 방법의 하나로 영국의 생일파티를 소개해 보고자 한다. 유아기 때의 생일은 정작 당사자들에게는 기억에 잘 남지 않지만, 부모님이나 주위 사람들에게는 기쁘고 화려한 날로 평생 동안 기억에 남는다.

특히 영국에서는 아동기 때의 생일뿐만 아니라 매년 돌아오는 생일 때마다 '가족 모두가 축하'하는 의식이 일본에 비해 강하다. 이것은 계급이나 연령, 성별을 불문하고 마찬가지다.

'생일과 교육', 언뜻 보면 관계가 없어 보이지만 생일 축하 방식 한 가지를 보더라도 영국식 교육이나 영국식 육아의 일면을 엿볼 수 있다. 생일 파티의 핵심은 우리 집 아이로 태어나 줘서 감사하고 건강하게 잘 자라주길 바라는 마음을 매우 능숙하게, 생일을 맞은 당사자가 아주 잘 알 수 있도록 표현하는 것이다. 아이 본인은 주변 사람들로부터 '사랑받고 있다'는 느낌을 받게 되는데, 이것은 아이가 성장하는데 가장 중요한 '자기긍정감'을 키우는 일이기도 하다.

자기긍정감이란 있는 그대로의 자신의 모습도 주위로부터 사랑받고 인정받는 존재라고 믿을 수 있는 감각이다. 자기긍정감은 마음의 안식이 되어 자신감으로도 연결된다. 이 자신감은 사람과의 관계를 구축해 나가는 힘이나 배움에 대한 적극적인 자세의 기초가 된다.

그렇다면 영국풍 생일 축하방식을 구체적으로 소개해 보도록 하겠다. 이 방식들은 모두 일본에서도 쉽게 따라할 수 있는 방법들이다. 첫 번째로 풍선을 이용한 방식이다. 어느 나라에서든 아이들이 생일이 되면 생일 파티를 열고 친구들을 초대한다. 이 때 홈파티의 경우 풍선을 현관 앞이나 울타리 등에 장식해 초대 손님들이 집을 잘못 찾는 일이 없도록 한다. 물론 풍선을 실내에 장식해 멋진 분위기를 연출할 수도 있다.

영국에서는 풍선을 비롯해 생일 축하해(HAPPY BIRTHDAY)라고 써진 실내에 거는 커다란 현수막이나 각종 파티용품을 백화점과 슈퍼마켓에서 일 년 내내 판매하고 있다. 그러고 보면 조지왕자의 어머니인 캐서린 비의 친정은 파티용품 통판비즈니스로 대성공을 이루었다. 귀엽고 센스 있는 파티용품은 일 년 내내 수요가 있으며 큰 인기를 끌고 있다.

그리고 영국의 생일에서 필수 아이템 중 하나는 생일카드다. 선물에는 반드시 카드와 함께 건네는 것이 매너이며, 선물은 없어도 카드만으로도 충분한 경우도 많다. 정성이 담긴 메시지가 적힌 카드는 때로는 평생의 보물이 되기도 한다.

그리고 카드의 메시지에 담긴 애정이 그 아이에게 자신감을 불어 넣어 주는 경우도 있다. 로열패밀리가 되면 매년 전 세계로부터 생일축하카드를 받을 것이다. 거기에 적힌 애정 담긴 축복과 격려의 메시지는 훗날 영국 군주가 되는데 필요한 자신감을 키우는데 도움이 되었을 것이다.

조지 6세가 어렸을 적에 이러한 애정을 듬뿍 받아 자신감을 키울 수 있었더라면 분명 그의 인생도 바뀌었을 것이다.

하지만 조지 6세의 교육을 살펴보면, 형 에드워드 8세와 함께 같은 가정교사에게 배웠고 형과 함께 왕립 오스본 해군사관학교에서 수학했다. 형과 마찬가지로 성적은 별로 좋지 않았지만 그대로 왕립 다트머스 해군대학교로 진학했다. 그리고 해군사관후보생으로서 훈련을 받은 후에 1914년에 발발한 제1차 세계대전에 참전했다. 1918년에 해군에서 공군으로 전역했으며, 23세 때에는 로열패밀리 중 처음으로 비행조종자격을 정식으로 취득했다.

그 후 1919년에는 케임브리지 대학교의 트리니티 컬리지에 입학해 역사학, 경제학, 공민학(civics) 등을 배웠다. 대학에서 배운 기간은 불과 1년 남짓이지만 이듬해부터는 국왕을 대표해 공무를 수행하게 된다. 이것은 조지 5세가 에드워드 8세의 행실을 걱정해 형이 아닌 동생 버티에게 왕위를 승계해 줄 것을 염두에 둔, 발 빠른 제왕학 수업의 입문이었을지도 모른다.

로얄패밀리, 찰스 왕세자, 케이트 미들턴 왕세손빈,
샬럿 공주, 윌리엄 왕세손, 엘리자베스 2세여왕, 필립공

Chapter 02

New Royal Family

엘리자베스 2세부터
다이애나 전 왕세자비까지,
20세기 왕실교육

20세기 후반부터 현재의 영국을 상징하는 엘리자베스 2세.
엘리자베스 2세의 교육을 중심으로 그녀의 아들 찰스와
비극의 주인공이 된 다이애나의 교육도 함께 소개한다.

로열패밀리의 교육을 바꿨다!?
미래 여왕의 군용트럭

사려 깊고 예의 바른 아이

2015년 가을, 이 책이 출판될 무렵에는 무려 63년 7개월이라는 역사상 최장의 영국군주 재위기간을 자랑하는 빅토리아 여왕을 제치는 신기록이 달성될 것이다. 바로 21세기 영국이 자랑하는 군주, 엘리자베스 2세 여왕의 등장이다.

   고령임에도 불구하고 전혀 쇠약함을 보이지 않고 공무를 수행하는 모습에 그저 감탄사가 터져 나올 뿐이다. 이름난 재상 윈스턴 처칠 경도 당시 아직 만 2세에 불구했던 엘리자베스의 매우 사려 깊고 예의 바른 모습에 감탄했다는 일화가 있다. 어린 아이를 볼 때마다 '타고난 성격이라는 것이 있다'는 생각이 많이 드는데 엘리자베스 여왕은 그야말로 천성부터 여왕으로서의 그릇이나 품격을 가지고 있었는지 모른다.

1953년 6월 2일, 엘리자베스 2세 대관식 후 왕실 멤버 기념사진. 중대한 임무를 마친 후 안심하며 웃는 얼굴이 싱그럽다.

10세 때 결정된 영국 군주로의 길

1926년 4월 21일에 태어난 엘리자베스는 1952년 25세 때에 즉위한다. 엘리자베스가 태어난 당시에는 조지 5세의 장남이자 백부인 에드워드 8세가 아직 독신이고 젊었기 때문에 장래 엘리자베스가 여왕이 될 것이라고는 그 누구도 예상하지 못했었다. 하지만 '왕관을 건 사랑'을 한 에드워드 8세가 심슨 부인과의 결혼문제로 퇴위함에 따라, 엘리자베스의 장래는 영국 군주의 길로 결정되었다. 엘리자베스가 10세 때의 일이다.

엘리자베스의 운명을 크게 바꾼 이 사건 당시, 엘리자베스는 어린 나이였음에도 불구하고 '에드워드 백부가 퇴위하지 않았더라면 나는 컨트리 사이드에서 유유자적하게 포니랑 함께 놀 수 있었을 텐데……'라며 원망 섞인 말을 귀엽게 내뱉었다고 한다. 2010년에 공개된 영화 '킹스 스피치'에도 잘 나와 있듯이 아버지 조지 6세의 고충을 눈앞에서 보고 자란 엘리자베스는 왕위 계승에는 얼마나 중요한 책임이 따르는지를 뼈저리게 느끼고 있었을 것이다.

본격적인 '제왕학 교육'의 시작

엘리자베스는 5세 무렵부터 4살 어린 여동생 마가렛과 함께 거버너스 마리온 크로포드에게 교육을 받았다. 이 시대에도 역시 상류 사회, 특히 결혼이 보장된 여자아이에게 교육은 필요 없다는 생각이 만연했다. 하지만 조모 메리 왕비의 방침에 따라 역사, 언어, 문학, 음악을 중심으로 한 교육이 이루어졌다.

거버너스 마리온 크로포드는 스코틀랜드의 노동자 계급 출신으로 에든버러의 '모레이 하우스 연구소'에서 강의를 하면서 동시에 아동 심리학자를 목표로 연구를 했었다. 모레이 하우스 연구소란 에든버러 대학교 내에 있는 고등교육교원양성을 포함한 교육기관이다.

크로포드는 이곳에서 연구를 하던 중 여름방학 아르바이트로 엘긴 백작가에서 거버너스로 일했다. 이것이 계기가 되어 1년 후에는 엘리자베스와 마가렛 공주의 거버너스 중 한 명으로 고용되었다. 엘긴 백작과 엘리자베스의 어머니 요크 공작부인과는 먼 친척이다.

여기서 주목하고자 하는 것은 거버너스인 크로포드의 학력이다. 빅토리아 시대까지 거버너스의 절대조건이 '상류계급 출신의 독신여성'이었는데, 크로포드는 '노동자계급 출신의 고학력여성'이다. 거버너스라는 직업이 시대의 흐름과 함께 '전문화'되었다. 또한 교육적인 면에서도 여성의 사회적 지위의 향상과 함께 남성과 다를 바 없는 '높은 교양과 전문적 지식'이 요구되고 있다는 증거이기도 하다. 물론 미래에 일어날 일을 꿰뚫어 본 메리 왕비의 선견지명도 있었다. 어쨌든 사려 깊은 엘리자베스와 크로포드의 궁합은 상당히 좋았다고 한다.

그리고 아버지 조지 6세를 이을 왕위 계승 서열 제 1위가 된 엘리자베스는 아동기부터 함께했던 크로포드와 다른 거버너스들 이외에 이튼 컬리지 부학장이었던 헨리 마틴을 가정교사로 영입했다.

마틴은 1906년에 창설된 '역사협회'의 창립 멤버이며 당시 역사 교과서의 집필자 중 한 명이었다. 엘리자베스는 마틴으로부터 헌

법 역사를 배웠고, 캔터베리 대주교로부터 종교학을, 그리고 프랑스인과 벨기에인으로 부터는 불어를 비롯해 법률 등을 배웠다. 본격적인 '제왕학 교육'을 시작한 것이다. 불어는 현재 불어권의 나라에 가면 여왕 자신도 불어를 사용할 정도로 달변이라고 한다.

또한 엘리자베스는 자기 지역의 걸스카웃과 같은 복지 활동에도 적극적으로 참가해 일반 또래 아이들과의 교류를 활발히 하며 소녀기를 보냈다. 게다가 위문 활동이나 종군 등 종래의 공주들과는 다른 10대를 보냈다. 이것은 제2차 세계대전이라는 큰 역사의 전환기 속의 왕위 계승자로서의 운명이었을지도 모른다.

크리스마스 팬터마임

1939년 제2차 세계대전이 발발했다. 당시 13세였던 엘리자베스는 거버너스들과 여동생과 함께 스코틀랜드의 발모럴성과 노퍽으로 피신했다. 하지만 이듬해인 6월에는 런던에 가까운 로열패밀리의 별택인 윈저성에 정착해 전쟁 후까지 그곳에서 살았다. 일류의 교수진으로 구성된 가정교사들과 함께 했지만, 동시에 전시 특유의 행사나 임무도 많았다.

필자가 입수한 윈저성의 공식 가이드북을 보면 엘리자베스와 마가렛 자매의 흥미진진한 사진이 있다. 이것은 전쟁 당시 윈저성에서 크리스마스 때마다 열리는 팬터마임을 상영하는 모습을 촬영한 사진이다. 엘리자베스가 군사의류용 뜨개질 제품을 조달하는 여왕의 털실 펀드를 지원하기 위해 윈저성의 직원, 아이들과 함께 자선 공연을 펼치는 모습이다.

실제로 현재의 영국교육 중에 일본과 크게 다른 점 중 한 가지는 필수 수업 중에 '연극(드라마)'이 포함되어 있다는 것이다. '미술'과 '음악'처럼 중등교육 11세부터 14세 무렵까지 3년 동안 연극 수업이 이루어진다. 또한 대부분의 초등학교에서 크리스마스 시기가 되면 반드시 그리스도 탄생과 관련된 크리스마스 연극을 전교생 모두가 연기하는 풍습이 있다.

이 크리스마스 연극은 영국의 초등학생에게는 1년에 한 번 있는 큰 이벤트 중 하나이다. 이야기의 줄거리는 매년 그리스도의 탄생으로 같다. 따라서 이것을 연기하는 아이들이나 관람하는 보호자들이 질리지 않게 공연을 잘 하는 것이 선생님들의 능력이다. 때로는 현대풍으로 어렌지하거나 뮤지컬로 만드는 등 교원의 창의성이 중요시된다. 물론 이것을 뒤에서 도와주는 엄마나 아빠들도 꽤나 힘든 일이다. 무엇보다 매년 다른 의상을 준비해야 하기 때문이다.

이런 크리스마스극의 모습은 2003년에 공개된 영국의 로맨틱 코미디 영화 '러브 액츄얼리'에 아주 잘 그려져 있다. 영화에서는 런던의 어느 공립초등학교의 합동상연회로 설정되어 있는데, 그 기발하고 허풍스러운 느낌은 결코 영화 속에서만 일어나는 사건이 아니라 영국의 크리스마스극의 모습을 있는 그대로 그려낸 것이다.

군용 대형트럭 운전사, 정비반으로서

이야기가 조금 벗어났지만 엘리자베스의 10대 시절로 다시 되돌아가보자. 영국은 14세에서 16세가 되면 '어떤 직종에서 일하고 싶은가?', 즉 '장래의 진로'를 결정해야 한다. 단순한 '장래 희망'이 아니다. 의무교육이 종료되는 시점인 16세 때에는 진학반과 취업반으로 확실하게 갈린다.

엘리자베스도 14, 15세 무렵에는 간호사가 되기를 희망했다고 한다. 하지만 부왕 조지 6세의 반대가 있었다는 기록이 있다. 간호사의 꿈은 이루지 못했지만 '근위보병 제1연대(Grenadier Guards)'의 명예 연대장이 되어, 전쟁 중에도 국민과 함께 후방 지원활동을 했다. '근위보병 제1연대'란 영국의 관광명물의 하나인 위병교대의 보병단을 말한다. 16세 때에는 연대장으로서 전국 각지에서 열리는 위문활동이 많아졌으며, 조지 6세 부부와 함께 전쟁 아래 놓인 국민들을 계속해서 격려했다. 18세가 되자 미래 군주로서 부왕 조지 6세의 대리 임무를 공식적으로 수행할 수 있게 되었다.

그리고 드디어 대전의 종반을 맞이한 1945년 2월에는 영국 여자국방군에 입대해 국민과 똑같이 전쟁터에 나갔다. '엘리자베스 윈저'라는 이름과 함께 '230873'이라는 인증번호도 부여받았으며, 군용 대형트럭의 운전사와 정비반에 배치됐다. 요즘에서야 여성이 대형트럭을 운전하는 모습이 드물지 않게 됐지만 그 시대, 게다가 장래 여왕이 거의 확정된 승계자에게 이러한 배치는 경악스러운 일이었다.

최근에는 해리 왕자의 이라크 참전 모습, 윌리엄 왕자의 헬리콥터에서의 구조 활동 등 보는 이들의 마음을 졸이는 일들이 적지 않게 이루어지고 있다. 여기에는 '노블레스 오블리주(고귀한 자의 의무)'의 정신이 바탕이 되어 있을지도 모른다. 이 노블레스 오블리주는 영국의 상류계급의 교육에서 뺄래야 뺄 수 없는 것 중에 하나이다.

영국 상류계급 교육의 초석 - 노블레스 오블리주
'노블레스 오블리주'란 원래 불어로 영국에서는 '노블레스 오블리

제'라고 한다. 의미는 '고귀한 신분에 따른 (도의상의) 의무'이다. 조금 더 쉽게 설명하면 '고귀한 자의 의무' 및 '신분이 높은 자에게는 그에 상응하는 사회적 책무와 의무가 있다'는 뜻이다.

영국은 21세기 현재에도 왕실이 존재하며 귀족이 있다. 그리고 상류계급, 중산계급, 노동자계급의 계급사회가 아직도 남아있다. 이것이 다른 유럽 대륙의 나라들과는 크게 다른 점이다.

그리고 다른 나라들처럼 귀족이 멸망하지 않고 살아남은 것은 이 노블레스 오블리주의 정신이 귀족을 비롯한 상류계급의 자식들에게 엘리트 교육의 일환으로 침투해 있기 때문이다.

여기서 조금 역사적인 이야기를 해 보도록 하겠다. 유럽 대륙을 제압할 기세였던 프랑스의 초대황제 나폴레옹 1세는 1815년 워털루 전투에서 영국, 네덜란드의 연합군과 프로이센군에게 패하고 만다. 그 당시 지휘를 맡았던 사람은 영국의 영웅 웰링턴 공작이다. 그 워털루 전투에서 전사한 병사의 수는 무려 1만 5,000명에 달한다. 이 병사들 중에는 스스로 자원병이 된 상류계급의 자식이 많았다. 웰링턴 공작도 명문 퍼블릭스쿨인 이튼 컬리지 출신이며, '워털루의 승리는 이튼 운동장에서 시작됐다.'라고 말한 일화가 있을 정도이다.

이것은 이튼 컬리지에서 노블레스 오블리주의 정신을 교육받은 덕택이다. 동시에 퍼블릭스쿨에서는 갖가지 경기를 통해 페어정신을 철저하게 주입시키는 전통이 있어, 축구나 럭비 등에서도 그 전략과 팀워크 정신을 배운다. 워털루 전투 뿐만 아니라 제1차 세계대전에서도 이러한 노블레스 오블리주 정신 하에 퍼블릭스쿨 출신의 수많은 지원병이 사망해 상류계급의 남자 인구가 줄어든 사실도 있다.

약 5개월의 훈련을 마친 엘리자베스는 명예 주니어 사령관으로 승진했다. 대형 트럭의 운전과 정비 모두에서 타고난 운동신경을 살려 훌륭하게 수행했다고 한다. 이 국방군 시절의 엘리자베스는 종래 왕실의 관례를 타파하고, 이름뿐인 명예직이 아닌 다른 학생들과 같은 훈련을 받으며 군무에 임했다.

엘리자베스는 이때에 일반 병사와 똑같은 취급을 받았던 것이 매우 기뻤던 모양이다. 이 경험이 기초가 되어 자신의 아이들은 궁정이 아닌 일반 아이들과 함께 학교에 보내겠다고 결심했다고 전해지고 있다. 이후 로열패밀리의 멤버도 영국의 일반시민에 섞여 '보통 교육'을 받게 되었다.

로열패밀리의 교육개혁!
찰스 왕세자의 학교생활

두 명의 내니와 깊은 인연

1948년 엘리자베스 2세 여왕과 남편 에든버러 공작 필립 사이에 첫째 아이 찰스 왕자가 태어났다. 찰스가 3세 때에 어머니 엘리자베스는 윈저 왕가의 네 번째 여왕이 되었다.

찰스의 보육은 당초에는 궁정 본연의 관례에 따라 내니(유모)가 담당했으며, 찰스의 내니로 헬렌 라이트보디와 어시스턴트인 메이블 앤더슨이 뽑혔다. 라이트보디는 상당히 엄격한 태도로 찰스와 여동생 앤 공주의 예절을 가르쳤다. 어느 날 저녁식사 때에 엘리자베스 여왕이 특별한 디저트를 아이들에게 주려고 했지만 그녀가 이를 거부함으로써 해고되었다고 전해지고 있다. 하지만 찰스는 내니와의 애착 관계가 상당히 깊게 형성되어 라이트보디가 해고된 후에도 스코틀랜드로 그녀를 종종 찾아갔을 뿐만 아니라 입태자식에도 그녀를 초대했다.

또한 메이블 앤더슨에 관해 말하자면 '천사와도 같은 안정감'을 준 내니였다며 찰스는 그녀를 매우 높게 평가하고 있다. 앤더슨은 32년에 걸쳐 로열패밀리의 내니로 근무하면서 엘리자베스 여왕의 4명의 아이들에게는 없어서는 안 될 존재가 되었다. 퇴직 후에는 윈저성 근처 저택인 프로그모어 하우스의 일부분이 주어졌으며, 그녀의 방을 개조할 때에는 찰스가 직접 지휘를 맡는 등 가족과 동일한 유대감이 형성되어 있다.

찰스에게 내니의 존재는 분명 다른 로열패밀리나 귀족들보다도 한층 더 컸을 것이다. 왜냐하면 아이의 응석을 받아주어야 할 어머니는 격동의 시대를 사는 영국 군주 엘리자베스 2세였다. 게다가 빅토리아 여왕처럼 남편 앨버트 공과 공무를 공유하는 일이 없었기 때문에 여왕의 다망함은 상상을 초월했을 것이라고 추측된다.

또한 찰스가 가장 좋아하던 내니 앤더슨은 젊었을 때 카밀라 부인과 꼭 닮았었다. 이 경우는 카밀라가 앤더슨을 닮았다고 해야 할 것이다. 어째서 다이애나와 같이 젊고 예쁜 왕세자비를 들였는데도 불구하고 옛 연인이자 연상의 여인인 카밀라에게 집착을 했는지, 그 수수께끼의 일부를 여기서 엿볼 수 있다. 남자 아이에게 이성인 어머니나 내니의 영향력은 어마어마하다는 것, 이것은 영국에 국한된 것이 아닌 인류 공통이라는 점을 기억해 둘 필요가 있다.

영국 상류계급의 너서리 룸(nursery room, 아이방)

여기서 영국에서의 '내니'라는 존재에 대해 이야기해 보도록 하자. 내니는 현재 영국에서 산후 엄마들에게 꼭 필요한 존재이다. 영국의 의무교육은 5세부터 시작되는데, 찰스 시대에는 상류계급에서 가정 내에 전용 내니를 붙여 키우는 것이 일반적인 일이었다.

내니의 존재는 때때로 어머니보다 클 때도 있다. 디즈니 영화 '메리 포핀스'나 2005년에 공개된 영화 '내니 맥피-우리 유모는 마법사'와 그 속편 등은 모두 영국의 중산계급에 고용된 내니가 주인공인 이야기다.

영화를 보면 알 수 있듯이 내니의 품성에 따라 아이들의 성격이나 그 가정의 분위기까지도 좌우되는 경우가 적지 않을 정도로 내니의 존재감과 역할은 중요하다. 그만큼 아이들이 내니에게 받는 영향은 헤아릴 수 없을 정도로 크며, 현재에도 내니가 되기 위한 자격을 영국 교육감독국이 엄격하게 정하고 있다.

또한 내니와 상류계급의 아이들이 하루의 대부분을 지내는 '너서리 룸'에 대해 살펴보자.

이 너서리 룸의 모습을 잘 알 수 있는 영국의 영화가 있다. 그림책 '피터 래빗'의 작가 베아트릭스 포터의 전기를 그린 '미스 포터'다. 미스 포터에는 베아트릭스의 소녀시절, 내니와 너서리 룸에서 지내는 시간이 상세하게 그려져 있다. 20세기 초두인 에드워드 시대의 이야기지만 엘리자베스 2세나 찰스의 어린 시절과 별반 차이가 없다. 물론 영화는 중산계급의 집이 무대가 되어 있기 때문에 너서리 룸의 호화스러움이 조금 덜할 수는 있다.

이 외에도 영국에는 매너하우스나 대저택으로 착각할 정도인 컨트리하우스(장원)가 많이 남아 있다. 그리고 그 중에는 자선조직인 내셔널 트러스트나 히스토리컬 하우스 협회에 의해 보호, 공개되고 있는 곳도 있어 빅토리아 시대의 너서리 룸을 실제로 볼 수 있다. 영국에 갈 기회가 생겨 매너하우스의 너서리 룸이라는 테마로 관광을 해보면 꽤나 알차고 재미있는 여행이 될지도 모르겠다.

일반 아이와 같은 교육을

찰스가 아동기(5세에서 8세까지)였을 때에는 캐서린 피블스라는 거버너스가 그의 교육을 담당했다. 찰스가 8세를 맞은 가을에는 엘리자베스 여왕과 필립이 원했던 대로 '로열패밀리의 아이들이지만 일반 시민들과 함께 '보통 교육'을 받게 하고 싶다'는 뜻이 관철되어, 찰스의 초등학교 입학이 버킹엄 궁전에서 정식으로 발표됐다. 드디어 우리들에게도 조건만 된다면 영국의 로열패밀리와 똑같은 교육을 내 아이나 손주에게 시킬 수 있는 기회가 도래한 것이다.

찰스의 입학처는 자택인 버킹엄 궁전에서 차로 수분 거리에 있는 '힐 하우스 스쿨'이었다. 4세에서 13세까지의 교육을 담당하는 '프랩스쿨'로 당시에는 남자 아이만 들어갈 수 있는 남자학교였다. 현재는 남녀공학이 되어 학교이름도 '힐 하우스 인터네셔널 주니어 스쿨'로 바뀌었으며 세계 각지에서 학생들이 모여들고 있다.

여기서 '프랩스쿨'이라는 말이 나오는데 이것은 '예비학교 (Preparatory School)'의 약자로 퍼블릭스쿨로 올라가기 위한 준비학교이며, 사립 초등학교이기도 하다. 영국의 교육제도는 일본과 크게 다르며, p55의 표와 같다.

표를 보면 알 수 있듯이 사립학교와 공립학교는 초, 중등교육을 나누는 방식이 다르다. 사립의 프리프랩스쿨은 빠른 곳에서는 2세부터 입학이 허가되며, 프랩스쿨 입학을 위한 예비학교와 같은 존재로 자리매김하고 있다.

찰스의 경우에는 프랩에 입학하기 전에는 내니와 거버너스로부

영국의 교육제도

	연령 Age	학년 Year (Form)	사립학교 Independent	공립학교 State School
유아교육	02 - 03 03 - 04		Nursery	Nursery
의무교육기관 - 초등교육	04 - 05 05 - 06 06 - 07	Reception Year 1 Year 2	Pre-prep Schools (Pre-preparatory Schools)	Primary Schools Infact Schools
의무교육기관 - 초등교육	07 - 08 08 - 09 09 - 10 10 - 11	Year 3 Year 4 Year 5 Year 6	Prep. Schools (preparatory Schools)	Junior School
의무교육기관 - 중등교육	11 - 12	Year 7 (1st Form)	Senior School	Secondary(Senior) School *Grammer Schools or *ComprehensiveSchools
의무교육기관 - 중등교육	12 - 13	Year 8 (2st Form)		
의무교육기관 - 중등교육	13 - 14	Year 9 (3st Form)	*Public Schools	
의무교육기관 - 중등교육	14 - 15	Year 10 (4st Form)		
의무교육기관 - 중등교육	15 - 16	Year 11 (5st Form)	의무교육수료 +GCSE Exam.	
	16 - 17	Year 12 (L.6st Form)	+AS Level Exam.	6th Form
	17 - 18	Year 13 (U.6st Form)	+A Level Exam,	
고등교육			*Colleges of Further Education(직업훈련교, 성인학교) *Colleges of Higher Education(고등전문학교) *Universities(대학) : Undergraduate(학부) 3년 　　　　　　　　　　Post-graduate(대학원) 　　　　　　　　　　M.A.(석사) 1년 　　　　　　　　　　M.Phil.(상급석사) 2년이상 　　　　　　　　　　Ph.D.(박사)	

+는 시험 종류를 나타냄.
[+GCSE Exam]은 의무교육 수료 자격시험.
[+A Level Exam]은 대학입학 시험으로 재수험이 가능.
*는 학교 종류를 나타냄.

터 가정에서 교육을 받았으며, 8세에 프랩으로 입학했다. 단, 프리 프랩스쿨이나 프랩스쿨 모두 특별한 입학시험이 있는 것은 아니다. 집안이 좋고 교육비를 지불할 수 있는 충분한 경제적 기반이 있다면 대부분은 부모와 아이의 면접 정도로 입학이 결정되는 경우가 많다.

1956년 찰스는 로열패밀리로서의 특별한 대우를 일체 받지 않은 형태로 '힐 하우스 스쿨'에 입학했다. 또한 이 학교의 창립자이자 나중에 교장이 된 스튜어트 토네이도는 엘리자베스 여왕에게 찰스를 축구 연습에 참가시켜야 한다고 조언했다. 왜냐하면 축구장 잔디 위에서라면 신분과는 상관없이, 아무리 상대가 미래의 국왕일지라도 경의를 표하지 않아도 되기 때문에 찰스도 보다 자연스럽게 다른 아이들과 어울릴 수 있기 때문이었다.

이듬해 7월 8일, 힐 하우스 스쿨의 운동회에는 엘리자베스 여왕과 필립 공, 그리고 찰스의 여동생인 앤 공주가 참관했다. 예전에 다이애나 전 왕세자비의 운동회 참가가 언론에서 크게 소개된 적이 있었는데, 로열패밀리 중에 최초로 운동회 참석을 단행한 것은 엘리자베스 여왕이었다.

이 당시 매우 바쁘던 어머니 엘리자베스 여왕 대신 아이들의 교육 방침을 정한 것은 아버지인 필립이었다. 필립은 혁명시대의 그리스 왕실에서 태어났지만 어렸을 적부터 부모와 떨어져 해외를 전전하며 규율이 엄격한 보딩스쿨(기숙학교)이나 해군에서 교육을 받았다. 필립은 장래 군주가 될 운명을 가진 찰스에게도 자신과 같은 교육을 시키려고 했다. 어렸을 적부터 섬세하고 내니에게 응석을 부리는 아들을 볼 때마다 이런 생각이 더욱 강해졌다고 한다.

같은 해 8월에 찰스는 참 스쿨로 전학했다. 참 스쿨은 윈저성에서 서쪽으로 차로 한 시간 정도 떨어져있는 뉴베리에 위치하며, 전 기숙사제인 남자학교다. 이곳은 아버지 필립이 1930년부터 33년에 걸쳐 재학한 학교지만, 차기 왕위 계승자가 초등학생 시기에 기숙학교로 진학하는 것은 오랜 왕실의 역사상 처음 있는 일이었다.

영국은 학년 시작이 여름방학이 끝나는 9월부터다. 지금부터 프린스 찰스의 참 스쿨에서의 하루 일과를 소개하겠다. 참고로 저학년의 시간표이다.

7:15   기상벨
7:45   아침 예배
8:00   블랙퍼스트
9:00   수업 시작

13:00 점심식사

14:00 오후 수업, 또는 게임 등

18:00 하이 티 (저녁식사)

18:45 취침

'하이 티'는 아이들의 저녁식사

전항의 타임 테이블을 보면 오후 6시에 '하이 티'가 있다. 하이 티는 애프터눈 티 보다 더 늦은 시간에 먹는 가벼운 저녁식사라는 의미도 있지만, 아이를 키우는 엄마, 아빠들에게 하이 티는 아이들의 저녁식사를 말한다. 반대로 어른들의 저녁식사를 하이 티라고 부르는 경우는 거의 없다.

아이들이 초등학교에 진학해 같은 반 친구 집에 방과 후에 놀러 가는 상황이 되면 그 집 엄마로부터 "하이 티 줘도 되나요?"라는 질문을 받게 된다. 이것은 "우리 집에서 저녁 먹여도 되나요?"라는 의미다. 왜냐하면 사립이든 공립이든 초등학교의 수업시간이 끝나는 것은 대개 오후 3시 지나서이고, 10세 전에는 늦어도 저녁 7시 경에는 잘 수 있도록 하는 것이 영국의 육아 방식이다.

따라서 저녁밥을 먹는 시간도 오후 5시나 6시가 최적의 시간대인 것이다. 저녁때까지 친구 집에서 놀고 집으로 돌아온 후에 저녁을 먹게 되면 잠자는 시간이 늦어지기 때문에, 방과 후 놀이 때 저녁까지 먹이는 것이 양쪽 집 사정에 좋다.

아이의 친구가 우리 집에서 저녁을 먹게 되면 일본 엄마들은 평소보다 실력을 발휘해서 저녁 식사에 더 공을 들이지만 영국 엄마들은 별로 수고를 들이지 않은 간단한 저녁식사를 제공하기 때문에 가벼운 마음으로 하이 티를 부탁할 수 있다.

힘든 체험을 이겨내고

찰스는 참 스쿨에서의 5년 동안 크리켓, 축구, 럭비 등 교내 경기와 아마추어 연극에 열심이었다고 한다. 그리고 13세 최고학년 때에는 '헤드 오브 보이즈'로 선발되었다. '헤드 오브 보이즈'는 일본에서 말하자면 최우수학생이나 학생회 회장 같은 것이다. 학년 중 학생들과 교사들로부터 가장 신뢰를 얻은 학생이 임명된다. 이러한 점으로부터도 로열패밀리 최초의 시도라고는 하지만 찰스는 초등학교 생활을 충실하게 했다는 것을 알 수 있다.

하지만 행복한 학교생활이었냐고 하면 주위의 친구들과의 계급 격차 때문에 반에서 따돌림을 당하는 등 아이가 겪기에는 매우 힘들었던 경우가 많았다고 한다. 그리고 그 경향이 점점 더 심해져, 그 후에 입학한 스코틀랜드의 퍼블릭스쿨에서는 훨씬 더 힘든 경험들을 한 모양이다. 13세가 된 찰스가 입학한 고든스타운 스쿨은 1933년에 독일 나치에 쫓겨 영국으로 망명한 유대인계 독일인 커트 한 박사에 의해 이듬해인 1934년, 스코틀랜드에 설립되었다. 제1기 학생들 중에는 찰스의 아버지인 필립도 있다.

한 박사의 교육이념은 평등주의와 박애주의에 뿌리를 두고, '시맨십(seamanship)'이라고 불리는 바다에서의 요트 훈련을 통한 강건한 인격형성을 목표로 삼고 있다.

섬세했던 찰스는 당시 전 기숙사제에 교풍이 엄격한 이 남자학교에 전혀 적응하지 못했다고 한다. 나중에 찰스는 고든스타운 재학 중의 학교생활에 대해 '징역판결'과 같았다고 표현했다. 또한 재학 중에 가족에게 보낸 편지에는 동급생들에 대해 '쟤네들은 매우 난폭하며 행동들이 무지막지하다'라고 쓰여 있었다고 한다.

고든스타운 재학 중 반년 동안은 호주 멜버른에 있는 공립 그래머 스쿨에서 지냈다. 공립학교에는 당연히 찰스와 같은 특권 계급의 학생들이 없었으며, 여기에서도 따돌림의 대상이 되었다고 한다. 이때의 체험 역시 매우 괴로운 기억이지만, 파푸아 뉴기니로

간 수학여행에서의 체험은 찰스가 역사 연구에 흥미를 가지게 된 계기가 되었다고 한다.

호주에서 고든스타운 스쿨로 돌아온 찰스는 최고학년이 된다. 영국에 많은 기숙사학교에서는 최고학년이 되면 드디어 1인실을 쓸 수 있게 된다. 찰스도 최고학년 때에는 1인실을 썼으며 기숙사 내의 감독생과 헤드 보이가 되었다.

로열패밀리 최초의 케임브리지 대학 수험

그렇다면 여기에서 찰스의 학업성적을 살펴보도록 하자. 16세가 된 찰스는 로열패밀리 중에서 처음으로 의무교육 수료 인정시험 'GCE-O레벨(The General Certificate of iEducaton Ordinary Level, 현재에는 GCSE Exam)'을 봤다. 영국에서는 일반적으로 'O레벨'이라고 부르는데, 찰스는 이 시험에서 영어, 영문학, 라틴어, 불어와 역사, 그리고 그 후에 수학을 합격했다고 되어있다.

2년 후인 1967년에는 대학 시험에 필요한 'A레벨(Advanced Level)' 시험을 봤다. 이 시험의 성적은 역사가 'B', 불어가 'C'였다. 보통 A레벨의 경우 3과목을 합격하지 않으면 대학 진학이 어려운데, 특별조치를 받았는지 '역사에서 특별한 시험을 치러' 케임브리지 대학에 진학했다.

로열패밀리 중에서는 처음으로 정규 수험 루트를 통해 케임브리지 대학교 트리니티 컬리지에 입학한 것이다.

노력, 인내, 사고력, 긴 여정이 필요한 영국의 대학 입시

그렇다면 영국의 대학입시에 대해 살펴보도록 하자. 영국과 일본은 학교 제도에서도 큰 차이를 보이는데, 특히 대학입시에 있어서는 수험에 대한 생각 자체가 전혀 다르다고 해도 과언이 아니다.

하지만 최근 일본도 대학입시의 개혁을 요구하는 의견이 나오고 있으며, 실제로 AO(Admissions office의 약자로 입학관리국을 뜻함) 입시 제도가 예전 보다는 변화되었다. 하지만 진정한 엘리트를 육성하기 위해서는 좀 더 심도 깊은 개혁이 필요하다. 이러한 의미에서 영국 대학교 합격까지의 기나긴 여정은 참고할 가치가 충분히 있다고 생각한다. 왜냐하면 영국의 대학 입시는 긴 기간의 노력과 인내, 그리고 사고력이 요구되기 때문이다.

16세에 결정, 그 후의 운명

대학입시의 1단계로 우선 의무교육의 최종단계에서 치루는 O레벨 시험이 있다. 현재는 GCSE(General Certificate of Secondary Education의 약자)라고 불리며, 직역하면 '일반중등교육수료증'이다. 보통은 이 시험을 위해 14세부터 선택과목을 골라 2년 동안 GCSE 코스를 공부한 후 16세 여름에 시험을 친다.

이 GCSE의 선택과목은 일반적으로 10과목 전후이다. 이 시험 결과에 따라 진학반과 취업반으로 나뉜다. 16세라는 이른 단계에 그 후의 운명이 결정되고 마는 것이다. 자신의 미래를 미리 발견하고 목표를 향해 공부에 전념하는 조숙한 아이들에게는 문제없는 제도지만, 그렇지 않은 꽃이 나중에 피는 아이들이나 그런 아이의 부모에게는 이 연령에서 판가름 짓는 이러한 제도는 매우 잔혹하다.

하지만 영국에서는 공부에 관심도 없고 특히 장래에 학술적인 분야에 진학하고 싶지 않은 사람이 대학에 갈 필요는 없다는 생각이 일반적이다. 즉, 공부에도 적성이라는 것이 있기 때문에 전혀 학구적이지 않은 아이를 억지로 학교에 가두어 둘 필요는 없으며, 빨리 사회로 진출해 장래에 도움이 되는 '실학'을 배우는 것이 좋다는 사고방식이다.

현재의 일본 사회에서는 이것을 수용할 제도가 정비되어 있지 않기 때문에 조금 난폭한 생각이라고 느껴질지 모르겠지만, 필자의 직업상 10대들과 많이 만나다 보니 오히려 이러한 제도가 실로 이치에 맞다는 생각이 든다.

그렇다면 취직할 필요가 없는데 공부는 특기가 아닌 왕실이나 상류계급의 자식들은 어떠한 길을 갈까? 노블레스 오블리주의 정신 아래, 명문 왕립사관학교로 진학해 군대에 입대하기 위한 훈련을 받는 경우가 많다.

연극청년이었다!? 찰스 왕세자

찰스는 대학교 시절에 지금도 유명한 트리니티 컬리지의 연극부 '드라이든 협회' 소속이었다. 그곳에서 스포츠 해설사, 엔틱 전문가, 기상캐스터 등 각종 역을 연기했으며, 연극을 좋아하고 무대에 오르고 싶어 하는(?) 경향이 있었다고 한다.

대학에서의 전공은 원래 고고학과 인류학이었는데, 2학년 때에 역사학으로 변경해 2:2라는 졸업성적을 거두어 무사히 케임브리지 대학교를 졸업했다. 대학교 재학 중에는 웨일즈의 대학교에서 웨일즈의 역사와 언어에 대해 프린스 오브 웨일즈라는 이름을 걸고 공부했다.

영국은 대학교의 성적에 따라 졸업 후의 취업처가 명확하게 갈릴 정도로 성적이 매우 중요하다. 일본도 최근에서야 대학교 재학 중의 성적이 취업에 반영되면서 대학교 재학 중에도 열심히 공부해 좋은 성적을 내기위해 노력하게 되었다.

그렇다면 찰스가 취득한 2:2라는 성적은 위에서 3번째에 해당하는 점수로 일류기업에 취업할 수준이 못된다. 영국 학사호의 학위는 성적에 따라 위에서 1st Class Honours, 2nd Class Honours, 3rd Class Honours와 그냥 합격으로 구분되어 있다. 세컨드 클래스는 층이 두텁기 때문에 그 중에서도 상위(2:1)과 하위(2:2)로 분류된다.

예를 들면 영국 신문에서 볼 수 있는 구글의 구인정보에는 '대학교 성적이 2:1 이상인 자에 한함'이라고 명확하게 명기되어 있다. 또한 '대학교 이름으로는 판단하지 않는다'는 기업이 90%를 점유하고 있다. 따라서 일본과 같이 '유명대학교에 입학만 하면 훗날은 안심'이라는 생각이 아니라, 얼마나 대학에서 성실하게 공부했는지에 따라 취업이 결정되는 것이다.

다이애나 공주
영원한 프린세스를 양성한 복잡한 가정환경

불행한 가정의 희생자

찰스 왕세자의 전 비 다이애나 공주가 받은 교육에 대해서도 살펴보자. 다이애나가 태어난 것은 1961년 7월 1일, 만약 살아 있다면 지금쯤 손자 조지 왕자와 손녀 샬롯 공주를 보며 즐거운 시간을 보내고 있을지도 모른다.

다이애나는 명문 귀족 스펜서 백작가의 셋째 딸로 태어났다. 형제는 여섯 살과 네 살 위인 언니 두 명, 세 살 아래인 남동생이 있다. 다이애나가 철이 들 무렵에는 언니가 둘 다 켄트에 있는 보딩스쿨(기숙학교)에 입학했으며, 남겨진 다이애나와 남동생은 생가인 샌드링엄의 파크하우스에서 내니들 손에 자랐다.

부모님은 사이가 좋지 않아 다이애나가 6세 때에 별거를 시작했다. 처음에는 어머니와 함께 런던에서 살다가 크리스마스 때 생가에 돌아온 후부터는 아버지 밑에서 살게 되어 생가에 있는 사립학교에 다니기 시작했다. 부모님이 정식으로 이혼한 것은 8세 때의 일로 아이들의 친권은 아버지에게 주어졌다.

1970년 9월, 다이애나는 노퍽의 보딩스쿨 '리들스워스 홀'에 입학했다. 리들스워스 홀에서 3년을 지냈는데 공부는 그다지 잘하지 못했다고 한다.

가장 중요한 아동기에 내니가 수시로 바뀌거나 가정불화일 경우, 세심하게 주의를 기울이지 않으면 아이들의 기본적인 생활환경이나 학습습관이 습득되지 못하는 경우가 있다.

'아이들은 부모의 등을 보고 자란다'란 말이 있듯이 부모 자신이 불안정한 상태에 있을 때에는 아이들도 그 불안을 동시에 느끼는 경우가 많으며, 그러한 정신 상태에서는 어떠한 일에도 집중하기 어렵다.

다이애나도 아마 이러한 가정의 희생자였을지 모른다. 그래도 스포츠 만능으로 댄스와 테니스, 수영 등에서는 활약을 했다. 또한 친구들도 많이 사귀는 등 사교적이었다고 한다. 리들스워스 홀의 학교 소개서에는 학교의 애완동물을 훌륭하게 돌본 학생에게 주는 상을 다이애나가 받았다고 기재되어 있다. 평생을 각종 봉사활동에 전념했던 다이애나의 봉사활동능력이 이때부터 보였던 것 같다.

장원 안에 세워진 보딩스쿨

영국 보딩스쿨의 공통점은 다이애나가 입학한 리들스워스 홀과 같이 광대한 자연에 둘러싸인 멋진 환경 속에 장엄한 저택이 학교 건물로 사용된다는 점이다. 그곳은 마치 영화나 드라마에 나오는 세계와 같다.

리들스워스 홀은 런던에서 북쪽으로 차로 3시간 정도 떨어진 곳으로 동쪽으로 돌출된 노퍽이란 곳에 위치한다. 건물은 1792년에 세워진 조지언양식의 매너하우스(귀족관)다. 현재는 역사적 건조물과 세계유산을 보존하는 조직 '잉글리시헤리티지'에 의해 '그레이드2'의 등급이 매겨졌다. 이것은 보존할 가치가 있는 최고 그레이드1 다음의 것으로 건물 주인이 함부로 증개축을 할 수 없도록 엄격하게 규제하고 있으며, 영국 내에서도 상당히 중요한 역사적 건조물로 지정되어 있다는 것을 의미한다.

건물은 원래 매너하우스였는데 전쟁 당시 서퍽에 있던 세인트 펠릭스 스쿨이 피신처로 사용되었고 종전 직후인 1946년에 정식 학교로 재탄생하게 되었다.

20세기 전반에는 두 번의 큰 대전으로 사양길에 들어선 귀족관들이 많은데, 이 귀족관들은 군시설이 되었다가 병원이 되었다가 혹은 이렇게 학교로 탈바꿈되기도 했다. 물론 이러한 관에는 귀족뿐 아니라 빅토리아 시대에 번영한 상류계급의 저택도 다수 포함되어 있다.

영국의 컨트리사이드를 둘러보면 '이것도야?'라고 생각될 정도로 성이나 장엄한 저택을 많이 볼 수 있다. 이 건물들이 전쟁 중에 큰 피해를 입지 않은 것은 천만다행이다. 그리고 역사적으로 유서 깊은 건물은 주인이 바뀌어도 허무는 일 없이 외관은 그대로 두고 실내만을 리모델링해 재사용하는 습관이 있는데, 이 점은 높이 평가할 만하다.

리들스워스 홀 스쿨도 다이애나와 그녀의 언니들이 다닐 때에는 여학교였었는데, 현재는 남녀공학이 되어 2세부터 13세까지의 아이들이 기숙사에서 다니거나 자택에서 통학하면서 공부하고 있다.

공부보다 로맨스 소설! 꿈 많은 10대 소녀 다이애나

13세가 되자 두 명의 언니와 마찬가지로 켄트에 있는 웨스트히스 걸스쿨로 전학했다. 당시 웨스트히스 걸스쿨은 11세부터 19세까지의 여학생을 대상으로 한 보딩스쿨이었다. 다이애나는 이 학교에서 18세가 될 때까지 5년 동안 지냈다.

16세에는 찰스와 마찬가지로 GCE-O레벨의 시험을 쳤지만 불합격이었다. 다시 도전했지만 역시 모든 교과에서 낙제점을 받았다고 한다. 이렇게 쓰니 O레벨 시험이 상당히 어려운 시험 같은데, 사실 O레벨 시험은 모든 학생들을 대상으로 한 의무교육을 수료했음을 증명하는 시험이다. A레벨의 시험과 비교한다면 상당히 간단한 내용의 시험인 것이다. 보통 수준으로 공부하고 기본적인 내용을 이해할 수 있다면, 시험 전 3개월 정도만 바짝 공부하고도 충분히 합격할 수 있는 난이도다.

그렇기 때문에 필자도 다이애나의 O레벨 시험 결과를 알고는 상당히 놀라웠다. 하지만 당시의 다이애나는 공부에는 관심이 없었지만 음악, 특히 피아노에 관해서는 훌륭한 재능을 발휘했다고 한다. 또한 커뮤니케이션 능력과 협조성이 뛰어났기 때문에 졸업년도에는 학교상을 수상한 기록도 남아있다.

공부를 소홀히 해 성적이 좋지 않았던 10대의 다이애나, 그녀의 전기에 의하면 10대 때 바바라 카틀랜드의 연애소설에 푹 빠져 공부를 열심히 하지 않았다고 한다. 카틀랜드는 20세기 영국에서 대활약을 펼친 유명작가로 역사 로맨스 소설이 특기이며 그 작품수가 무려 723개작에 달한다. 이 기록은 기네스북에도 등록되었는데 아직 깨지지 않고 있다.

그리고 카틀랜드의 장녀 레인은 다이애나의 아버지 스펜서 백작의 후처이자 다이애나의 새엄마가 된다. 스펜서 백작과 레인이 재혼한 것은 다이애나가 웨스트히스를 졸업한 1977년의 일이었다. 다이애나의 남동생 찰스는 그 당시 자신도 다이애나 누나도 새엄마가 도무지 좋아지지 않았다고 한다. 카틀랜드의 열성 독자였던 다이애나에게 이런 짓궂은 인연이 또 있었을까.

스위스 피니싱 스쿨에

O레벨 시험의 결과, 그 후의 진학을 단념할 수밖에 없었던 다이애나는 부모님의 권유로 스위스에 있는 피니싱 스쿨 '알핀 비데마네트 학원'에 입학했다. 비데마네트 학원은 예비신부 학교로 그곳에서는 요리와 불어, 스키 등을 가르쳤지만, 다이애나는 입학한지 6주 후에 학교를 그만두고 영국으로 귀국했다.

어렸을 적부터 계속 발레를 배운 다이애나는 학교 재학 중 꿈이 영국의 로열발레단의 발레리나가 되는 것이었다고 한다. 다이애나의 아버지도 매우 협조적으로 저택 안에 연습용 댄스홀을 마련할 정도였다. 하지만 10대 후반에 신장이 180cm 가까이가 되어,

프로 발레리나를 하기에는 키가 너무 커서 단념할 수밖에 없었다고 한다.

다이애나는 공부에는 소질이 없었지만 스포츠는 만능이고 음악에도 재능을 보였다. 무엇보다 학교생활을 하면서 얻은 것 중 사회봉사에 대한 적성을 스스로 발견한 것이 가장 큰 수확이었다. 훗날 다이애나는 '국민들의 가슴 속에 남는 왕비가 되고 싶다.'고 말한다. 다이애나의 말 그대로 그녀의 왕성한 봉사활동은 다이애나의 운명에 큰 영향을 미쳤음에 틀림이 없다.

'칭찬'하며 양육하는 것을 기본으로

일본의 여자아이는 '예쁘다'는 말을 좋아하지만, 영국의 여자아이의 경우에는 '공주님 같아'라는 말을 정말 좋아한다.

'칭찬하며 키우는 것'이 기본인 영국이기 때문일까. 일본에 비해 자신감이 넘치는 여자 아이들이 매우 많다. 그만큼 남자 아이들은 오히려 부끄러움이 많고 내성적이라는 인상을 받는다. 예를 들어 캐서린은 '나를 만난 것에 감사해야 한다!'고 윌리엄 왕자에게 말했다고 한다. 진짜인지 아닌지 모르는 소문이지만 영국 여자라면 말할 법한 이야기이며 그렇지 않다고 부정할 사람도 적을 것이다.

그렇다면 여기서 영국 여자아이의 일반적인 양육 사정에 대해 간단하게 소개해 보도록 하겠다.

먼저 여자아이들에게 가장 인기 있는 과목은 단연 발레다. 일반 가정에서도 3, 4세의 어린 여자아이들에게 가장 먼저 가르치는 것이 발레다. 그 다음이 피아노나 바이올린 등의 음악이다. 앞에서도 언급했지만 다이애나 전 왕세자비도 어릴 적부터 발레를 배웠기 때문에 10대 후반 때 키가 엄청나게 커버리기 전까지는 장래 희망이 발레리나였다.

또한 지인인 엄마들을 보면 집 근처의 발레교실을 다니게 되면 유치원이나 초등학교의 동급생들과 같은 반이 될 확률이 높아 경쟁심으로 인해 트러블이 생길 수 있다며, 일부러 자택에서 멀리 떨어진 발레교실로 다닌다. 초등학교 저학년까지는 '발레를 배우는 것'이 여자아이들의 필수 코스인 듯하다.

마법의 말 '라이크 어 프린세스(공주님 같아)'

또한 남자아이의 경우 커서 젠틀맨이 되기를 바라는 마음에 상당히 엄격하게 예의범절을 가르치는 집들이 많다. 이에 비해 여자아이들은 쉽게 봐주는 경향이 있다. 어쨌든 이렇게 자란 남자아이가 청년이 되어 여자 친구가 생기고 결혼을 해서 귀여운 딸을 낳게 되면 딸아이에게 넋이 나가 24시간 '공주님' 취급을 하는 딸 바보가 되고 만다.

또한 말투나 태도도 '여자답게 행동해라'라는 말은 통용되지 않는다. 일본어에는 남자가 쓰는 말투, 여자가 쓰는 말투가 따로 있지만 영어에는 성별에 따른 말투의 차이도 없을뿐더러 남녀평등을 외치는 페미니즘 운동이 탄생한 나라이기도 하기 때문일 것이다. '여자아이는 여자답게' 등은 학교 선생님들도 사용하지 않는 말이다. 만약 굳이 쓴다면 10대가 되었을 무렵에 '레이디처럼 굴어라'는 정도의 말로, 이것은 엄마가 시범을 보이며 가르친다.

이와 같은 환경 때문인지 일본과 영국의 여자아이들의 차이는 매일 텔레비전에 나오는 뉴스 아나운서들만을 보더라도 확연히 다르다는 것을 알 수 있다. 일본의 여자 아나운서들은 아이돌이라고 생각될 정도로 젊고 예쁜 인상을 가진 여성이 압도적으로 많은 것에 비해, 영국의 여자 아나운서들은 '여자'라는 말이 무색할 정도로 남성 캐스터를 압도하는 태도와 자신감 넘치는 여성들뿐이다. 일본에서는 믿을 수 없는 광경이지만 BBC 아침 뉴스의 여성 캐스터들은 남성 캐스터 옆에서 다리를 꼬거나 팔짱을 끼는 등 거침없고 당당한 태도로 프로그램을 진행한다.

　이렇게 당당한 영국여성이지만 연령을 불문하고 귀여운 표정을 지을 때가 있는데, 바로 '라이크 어 프린세스(공주님 같아)'라는 말이나 장면과 마주쳤을 때이다. 이 말은 마치 마법의 언어와 같이 그녀들을 동화의 나라로 인도해 주는 것 같다.

Chapter 03

Our Young Prince

인기 절정인 로열 브라더스의 교육

인기 급상승 중인 젊은 프린스, 윌리엄 왕자와 해리 왕자 형제.
우리들도 참고할 수 있는 두 왕자의 교육을 살펴보자.

윌리엄 왕자
상냥하고 수줍음 많은 왕자를 기른 교육

차기 왕위는 윌리엄에게 계승!?

2015년 2월 윌리엄 왕자는 처음으로 일본을 방문했다. 그리고 동일본대지진의 피해지인 후쿠시마를 방문했는데, 그 때 윌리엄 왕자의 행동과 인품에 감동한 사람은 일본인들뿐만이 아니었을 것이다. 영국에서도 윌리엄을 나쁘게 말하는 사람이 전혀 없을 정도로 인기가 있으며, 후쿠시마를 방문했을 때에 윌리엄의 자연스러운 모습은 보는 이들의 마음을 따뜻하게 만들었다.

현재 윌리엄은 찰스 왕세자를 이을 왕위 계승 서열 제2위다. 하지만 다이애나 전 왕세자비와의 이혼문제와 카밀라와의 재혼으로 완전히 인기가 떨어진 아버지 대신 윌리엄이 차기 왕위를 계승해야 한다는 기대감이 고조되어 있다.

윌리엄은 1982년 6월 21일생으로, 최근 조지 왕자와 샬롯 공주의 탄생으로 일본에서도 이미 익숙해진 런던 패딩턴의 세인트 메리 병원에서 태어났다. 찰스 왕세자는 버킹엄 궁전에서 태어났기 때문에 윌리엄이 장래의 영국 왕이 된다면 민간 병원에서 태어난 최초의 왕일 것이다.

당초 찰스와 다이애나는 윌리엄의 교육에 대해 의견 차이를 보였었다. 찰스는 예전부터 가장 신뢰했던 내니 메이블 앤더슨의 손에 자신이 컸던 것처럼 당연히 윌리엄도 내니와 거버너스를 붙여 켄싱턴 궁전 내에서 교육을 시켜야 한다고 주장했다. 그에 비해 다이애나는 어릴 적부터 학교에 가서 또래 친구들과 어울리며 공부하는 것이 좋다, 궁전 내에서만 지내는 것은 남자 아이에게 좋지 않다고 주장했다.

게다가 다이애나는 어린 시절 가정불화로 외로움을 많이 느꼈기 때문에 자신의 아이들에게는 그런 외로움을 느끼지 않도록 애정을 듬뿍 담아 꼭 안아주고 뽀뽀해줬다. 다이애나는 지극히 '보통'의 부모자식 관계를 구축하는 것을 목표로 삼았던 것이다. 그렇다고는 하지만 한 나라의 왕세자비라는 입장 상 바쁜 공무 스케줄을 소화하기 위해서는 내니의 도움은 필수 불가결했다.

변화하는 로열 내니의 역할

윌리엄의 첫 내니로 임명된 사람은 바바라 반스였다. 반스는 스코틀랜드의 귀족으로, 영국의 로열패밀리와 유명인이 리조트로 이용하는 카리브 해에 떠있는 머스티크섬의 주인 그레인코너 남작부부에게 고용되었던 내니 중 한 명이었다. 그레인코너 남작의 친한 친구이자 다이애나가 로열패밀리들 중에 유일하게 마음을 연 마가렛 공주(엘리자베스 2세의 여동생)의 소개였다고 생각된다.

하지만 아이를 자신의 손으로 '보통'의 아이처럼 기르고 싶었던 다이애나에게는 기존 로열 내니의 명목이었던 '엄마 대신'은 불필요한 것이었다. 다이애나는 로열패밀리의 내니들과 마찬가지로 어머니 역할을 수행하려고 하는 반스에게, '나의 아들에게 너무 엄마처럼 굴지 마라!'라고 하소연했다고 한다.

이때만큼은 반스도 많이 당황했을 것이다.

윌리엄이 생후 6개월 때 반스의 어시스턴트로 고용된 두 번째 내니는 당시 52세의 미망인 올가 파우얼이었다. 21세의 젊은 초보 엄마였던 다이애나에게 부모자식 정도로 나이 차이가 나는 파우얼과의 궁합은 대단히 좋았다고 한다. 무엇보다도 다이애나의 희망대로 윌리엄과 두 살 아래인 남동생 해리에게 '보통'의 예절을 가르치려고 노력했으며, 또한 이러한 것을 쉽게 실천한 내니는 파우얼 이외에는 아무도 없었다고 한다. 그 후 파우얼은 찰스와 다이애나가 이혼할 때까지의 15년 이상의 세월을 켄싱턴 궁전에서 지내게 되었다.

1989년, 찰스 왕세자 일가가 영국 콘월 반도 실리 제도에서 보내는 휴가 풍경.

두 왕자를 뒷받침한 내니

켄싱턴 궁전에서의 15년이라는 세월이 찰스와 다이애나, 그리고 두 명의 왕자에게 '행복했다'고 말할 수 있을지는 의문점이 남는다. 역사적 사실만을 보면 오히려 가족 붕괴가 진행되고 있던 세월이다.

다이애나는 찰스와 카밀라의 관계를 결혼식 직전에 알게 되었고, 윌리엄을 출산한 후에는 과도의 스트레스로 섭식장애를 일으키기도 했다. 또한 2년 후 해리가 태어났을 때에는 부부 관계가 이미 싸늘하게 식어 있었다고 한다. 마음의 병이 점점 깊어지는 어머니 다이애나와 세상에서 가장 좋아하는 어머니로부터 점점 멀어져 가는 아버지 찰스를 윌리엄과 해리는 보았다.

만약 이것이 보통의 일반 가정이었다면 윌리엄과 남동생 해리는 어디에 마음을 두어야 할 지 모른 채, 그야말로 어머니 다이애나의 소녀시절과 같이 정신적으로 대단히 불안정한 소년시절을 보내야만 했을 것이다. 이런 암울한 환경 속에서 그들을 구한 사람이 바로 내니 파우얼이었다.

장난을 치면 엄격하게 혼내고 무엇이 옳고 그른지를 상세하게 알려주는 파우얼의 모습은 마치 손자에게 예절을 가르치는 할머니와 같았을 것이다. 깊은 애정과 신뢰관계가 있어야만이 다른 사람의 아이의 잘못을 엄격한 태도로 꾸짖고 바로 잡을 수 있다. 그야말로 보육과 교육의 원점을 내니가 수행할 수 있는 것이다. 이러한 깊은 애정 속에서 성장한 윌리엄이기 때문에 현재의 영(young) 로열 패밀리가 존재하는 것일지도 모른다.

파우얼이 2012년 82세로 사망하기까지 두 왕자와는 마치 친손자와 할머니와 같은 관계가 계속됐다.

1985년 9월 24일, 윌리엄은 부모님 손에 이끌려 처음으로 보육원에 등원했다. 주거지인 켄싱턴 궁전에서 도보권 내에 있는 제인 마이너스 부인이 운영하는 보육원이었다. 성공회 주교의 딸인 마이너스 부인은 당시 43세로 몬테소리 메소드에 의한 보육을 실시하고 있었다.

몬테소리 메소드는 간단하게 말해 '유아의 자주성을 최대한으로 살려 자립심이 강한 아이로 키우는 교육방법'이다.

로열패밀리의 긴 역사 중에 미래의 영국군주가 처음으로 민간 보육원에 등원하는 역사적인 날, 보육원 앞에는 약 100명의 보도진과 30명의 경찰관이 몰려들었다.

2시간 후에 보육원에서 나온 윌리엄은 운전수의 손을 잡아끌며 그 날 만든 종이 쥐 손가락 인형을 기자들에게 자랑스럽게 내보였다. 원장 마이너스 부인은 "윌리엄은 종이 쥐가 마음에 드나 봅니다."라고 환하게 웃으며 대답했다고 한다. 윌리엄은 3세 3개월부터 4세의 크리스마스까지 약 15개월 동안 주 2~3회 오전 중 2시간을 이 보육원에서 지냈다.

초유명 프리프랩에서 보딩스쿨로

윌리엄이 5세가 되는 해인 1월에 런던 노팅힐에 있는 웨더비 프리프랩스쿨에 입학해 약 3년을 다녔다. 웨더비 프리프랩스쿨은 4세에서 8세까지의 남자아이 250명 규모인 명문유치원이다. '유치원' 이라고 적으면 어폐가 있지만 일본식으로 말하면 명문 초등학교(프랩스쿨)로 진학하기 위한 예비학교에 해당하기 때문에 초등학교 전의 교육기관이라는 점에서 유치원이라고 이야기하도록 하자.

웨더비는 윌리엄 재원 당시에는 8세까지 있는 프리프랩스쿨 뿐이었다. 하지만 현재는 런던 시내인 웨스트민스터에 13세까지 다니는 초등학교도 있으며, 그 초등학교는 런던의 유명 사립학교 중 하나이기도 하다. 기숙사 시설 없이 통학생들뿐이지만 그 수업료는 1학기에 일본 엔으로 환산하면 약 100만 엔에 이른다. 일본과 마찬가지로 3학기제이기에 연간 300만 엔, 불과 3년 동안의 유치원 학비만으로도 이것저것 다하면 약 1,000만 엔의 수업료가 드는 계산이다. 일반 공립학교가 급식을 제외하고는 공책, 연필, 지우개조차도 학교에서 준비한 것을 사용하는 무상인 것에 비해 영국 상류계급이 얼마나 교육을 위해 돈을 투자하는지 알 수 있는 대목이다.

심화하는 영국의 교육격차

지금까지 살펴본 바와 같이 사립학교와 공립학교의 비용에 관한

격차가 큰 만큼 교육 내용에도 당연히 차이가 있을 것이라고 생각할 것이다. 그렇다. 분명 차이는 있다.

먼저 교사의 질이나 학습의 깊이가 다르다. 예를 들면 공립 초등학교의 경우에는 일본의 공립학교와 마찬가지로 담임선생님이 주요 교과를 모두 가르치지만, 윌리엄이 다닌 웨더비의 경우를 보면 중학교와 같이 교과별로 전문 지도교사가 지도 내용을 책임지고 있다. 또한 커리큘럼도 많고 다양하며, 미래의 GCSE(의무교육 수료시험)를 대비한 교과가 10과목 이상 준비되어 있다. 그 중에서도 불어, 음악, 연극, 미술, 디자인 앤 테크놀로지, 정보, 체육 등은 전문교사가 직접 지도를 맡는다.

반 규모는 한 반의 정원이 22명으로 되어있지만, 실제로는 능력별로 반을 나누거나 교과에 따라서는 10명 전후의 규모로 구성되는 경우가 많다. 영국 공립학교의 한 반의 정원이 30명까지이므로 반의 규모도 다르다.

여기까지 쓴 것을 보면 '역시 공립보다 사립이 좋구나!'라고 생각하는 사람들이 많을 것이다. 하지만 이렇게까지 수업료가 고액이다 보니 일반 가정에서 사립학교에 아이를 보내는 것은 매우 어려운 일이다. 어쨌든 영국의 평균 급여가 일본 엔으로 하면 300만

엔에서 400만 엔 정도이니, 연 수입과 수업료가 동일한 수준인 것이다.

이러한 이유도 있기 때문에 영국의 학령기의 아이들 중에 사립학교에 다니는 학생 수는 전체 7%에 불과하다. 남은 93%의 아이들은 공립학교에 다닌다. 이 숫자는 유치원에서 영국의 고등학교에 해당하는 '6th Form'까지 거의 변동이 없다. 즉, 사립학교에 다니는 아이는 처음부터 끝까지 사립학교에서 교육을 받고 있다는 것을 의미한다.

참고로 일본에서는 유치원 80%, 초등학교 1%, 중학교 7%, 고등학교에서 약 30%의 아이들이 사립학교에 다니지만 '사립'과 '공립'의 격차는 별로 없다.

교육격차가 큰 영국이지만 공립학교를 보내면서도 사립에 뒤지지 않는 수준의 교육을 받을 수 있는 방법이 있다. 그 키워드는 '학군'이다. 영국에서는 일반적으로 '캐치멘트catchment(통학가능거리)'라고 말하는데 지역에 따른 교육격차가 크기 때문에 영국에서 교육열이 강한 일반적인 부모들에게는 아이가 유치원, 초등학교, 중등교육으로 올라갈 때마다 학군은 최대의 관심사항이 된다.

돈이 없어도 양질의 교육을 받을 수 있는 영국

영국에서 필자가 체험한 이야기를 해보겠다. 우리 가족들이 처음 영국을 방문한 것은 1999년의 일이다. 당시 보육원에 다니던 4세의 아들과 일본인 남편과 함께 여름의 영국을 3개월 동안 여행했다. 렌트카를 빌려 매일 다른 B&B(베드 앤 블랙퍼스트 : 영국식 민박)에 묵으면서 영국을 동서남북으로 5,000km 질주했다.

그 때 가는 곳마다 아들을 보고서는 "만약 영국으로 이민 올 것이라면 반드시 런던 말고 컨트리사이드(시골)로 와야 한다. 이 아이의 교육을 위해서는 이 방법이 제일이다."라며 입을 모아 말했었다. 만나는 영국인들마다 똑같은 이야기를 했기 때문에 내 인상에 강렬하게 남았다.

어째서 처음 보는 사람에게 이런 조언을 해주는 것일까. 당시에는 왜 그런지 의문이기도 했고 '영국의 시골 사람들은 붙임성도 좋고 친절하다'며 감동했었는데, 지금 생각해 보면 그 이유를 알 것도 같다.

먼저 첫 번째 이유로 당시 아들의 나이가 4세였기 때문이다. 영국의 공립 초등학교의 입학 시기는 4세를 맞이하는 9월로 정해져 있다. 즉, '4세'라고 하면 대개 교육열이 강한 영국인들은 '초등학교 입학'을 해야 하는 연령이라는 점에 주안점을 두어 자기도 모르게 친절한 마음에서 조언을 해 주는 것이다.

그리고 딱히 중요하지는 않지만 두 번째의 이유가 있다. '동양인'의 아이는 그들에게 너무 귀여운 것이다. 일본인들은 파란색이나 브론즈색의 눈을 가진 서양인의 아이를 보면 저도 모르게 그만 "너무 예쁘다!"라는 탄성이 터져 나오곤 한다. 반대로 서양인의 눈에는 검은 눈, 검은 머리의 동양인 아이들이 정말로 귀엽고 사랑스럽게 보인다고 한다. 그러고 보면 할리우드의 유명인이 동양인 100%의 아이를 입양하는 경우도 볼 수 있는데, 이러한 감성이 있기 때문일 것이다. 그렇기 때문에 일본인이 미취학 아이를 데리고 영국(주: 아시아 이민이 적은 컨트리사이드)을 여행하다 보면 많은 사람들이 말을 걸어온다. 별로 중요한 이야기는 아니지만 알아두면 참고가 될 것 같다.

분명 런던이나 버킹엄 등의 대도시권과 그 근교에는 이민자들이 상당히 많다. 예를 들면 히드로 국제공항 근처의 지역이나 런던 남동부 등의 초등학교에 가면 백인 아이가 한 명도 없는 경우도 적지 않게 있다.

현재 영국 전체의 이민 인구 비율은 11%정도(참고로 일본은 불과 1%

대 수준)인데, 런던에 한해서는 10년 전 50%(참고로 일본 도쿄는 3%)를 넘어선 이래 그 수준을 유지하고 있다. 그야말로 대도시권은 인종들의 집합체인 것이다. 또한 이민 온 아이들은 공립학교에서 배울 확률이 압도적으로 높기 때문에 지역에 따라 영어를 제대로 말하지 못하는 아이들이 많은 학교도 있으며, 이것이 큰 사회 문제로 여겨지기도 한다.

즉, 대도시권에서는 교육 이전에 언어 장벽이나 문화의 차이를 극복해야만 하는 학교가 많아 안정된 환경에서 질 좋은 공공교육을 받기란 쉽지 않은 일이다.

한편 컨트리사이드로 눈을 돌리면 지역에 따라 순수 영국인들만 거주하는 곳도 적지 않게 있다. 그리고 일본보다 빨리 고령화가 문제가 된 나라인 만큼 아이들 수가 적은 지역도 많다.

예를 들면 재차 필자의 경우지만 2002년에 일본에서 영국으로 이주했는데, 이주지는 친절한 영국인들의 조언을 수용해 런던이 아닌 영국 남서부 코츠월드 서쪽 마을인 첼트넘이라는 곳이었다. 아들이 다닌 공립 초등학교(프라이머리 스쿨)는 마을에서 좀 더 벗어난 작은 촌에 있는 초등학교로 4세부터 11세까지의 아이들 60명 규모의 마치 분교와도 같이 작은 학교였다. 아들 반의 학생 수는 불과 6명이었다. 게다가 그 초등학교 창립 이래 처음으로 수용한 마이너리티(소수민족)가 필자의 아들이었다. 즉, 전교생 중에 유일하게 필자의 아들만이 이민 온 아이로 나머지는 모두 영국인인 환경이었던 것이다.

아동 6명에 담임선생님은 2명, 정말 호화스러운 교육환경이다. 그리고 교장선생님을 비롯해 학교의 모든 선생님, 스태프, 그리고 보호자까지도 아동 전원의 이름과 성격을 확실하게 파악한 후에 교육에 임하는 환경이었다. 공립학교에서도 사립학교 수준의 '빈틈없는 교육'이 그곳에는 있었다.

그렇다면 이야기를 로열패밀리로 돌려보자. 윌리엄은 8세가 된 7월에 웨더비 스쿨을 졸업하고 9월에는 버크셔에 있는 보딩스쿨 '럿그러브 스쿨'에 입학했다. 럿그러브가 있는 버크셔는 런던 서단에 접해있는 잉글랜드 남동부 지역이다. 동서로 뻗어있는 주인데 로열패밀리의 주거지인 윈저성에서 서쪽으로 차로 30분 정도 달리면 윌리엄의 초등학교 럿그러브가 있다.

럿그러브는 사립 프랩스쿨에 해당하는데, 이 프랩을 직역하면 '예비교'이다. 즉, 프랩에 입학시키는 이유는 13세 혹은 11세에 입학이 허가되는 영국이 세계에 자랑하는 엘리트 양성 학교인 퍼브릭스쿨에 입학하기 위한 목적 이외에는 아무것도 없다고 해도 과언이 아니다.

이를 위해 어느 프랩스쿨에 들어갈지는 그 학교의 진학률 및 진학처를 충분히 조사한 후에 결정해야만 한다. 최근 일본에서도 다양한 수험방식이 도입되어 수험은 '정보전'이라고 불리는데, 영국의 수험 사정도 마찬가지다. 마찬가지라고 하기보다 오히려 일본보다 시간적, 계획적으로 치밀한 작전과 강인한 의지가 필요하다. 이것은 수험하는 아이 자신이 아닌 어디까지나 부모가 주체가 되어 도전해야 한다.

왜냐하면 프리프랩이든 프랩이든 물론 최종목적인 퍼블릭스쿨까지도, 그 아이의 탄생 직후 혹은 탄생 1년 이내에 목표로 하는 학교에 '등록절차'를 밟아 놔야 하기 때문이다.

해리포터 나라의 교육사정1 – 호그와트 스쿨에서의 초대장

이 '등록절차'는 로열패밀리를 비롯한 영국 상류계급의 수험사정에서 뺄래야 뺄 수 없는 필수사항 중 하나이다. 이것은 전 세계를 매료시킨 영국의 판타지 소설 '해리포터 시리즈'에도 잘 그려져 있다. 이 영화의 제1탄에 인상적인 장면이 있다. 11세 생일을 맞는 해리에게 '호그와트 마법마술학교'로부터 입학허가 편지가 몇 통이나 오는 장면이 있다.

이것은 틀림없이 해리가 탄생한 직후에 해리의 부모가 자신들의 모교이기도 한 명문마법학교 '호그와트 스쿨'에 입학을 위한 등록절차를 해 두었다는 것을 알게 해주는 장면이다. 즉, 영국의 입시전쟁은 탄생과 동시에, 아니 임신을 알게 된 시점, 혹은 결혼이 결정된 시점부터 시작된다고 해도 과언이 아니다.

이렇게 빠른 시기부터 준비하는 입시사정은 결코 상류계급에만 한정되지 않는다. 공립학교에서도 유명대학으로 다수 학생을 입학시키는 학교가 많다. 왜냐하면 공립학교, 사립학교에 관계없이 대학수험을 위해 필요한 자격은 단 하나 A레벨 시험의 결과이며, 이 A레벨 시험은 영국의 대학에 입학을 희망하는 국내의 수험생이라면 반드시 시험을 치러야하므로 이 시점이 되면 사립도 공립도 같은 판에서 겨루게 되기 때문이다.

그렇기 때문에 우수한 학생을 다수 배출하고 있는 공립의 식스폼(6th Form) 학교를 찾아내어 그 '캐치멘트(학군)'에 있는 초등학교, 중학교를 목표로 한다. 이를 위해 살고 있는 집을 팔고 그 지역으로 이사하는 경우도 드물지 않다. 그렇기 때문에 평판이 좋은 공립학교 지역의 주택가격은 다른 지역에 비해 상당히 높다. 그리고 우수한 공립학교는 대개 컨트리사이드에 많다는 점도 영국만이 가지고 있는 특징이다.

그렇다면 윌리엄의 경우를 살펴보도록 하자. 분명 아버지인 찰스는 윌리엄이 태어나기 전부터 왕족이나 귀족의 자식들이 많이 다니고 있는 유명 퍼브릭스쿨 '이튼컬리지'에 보내고 싶었을 것이다. 그렇기 때문에 많은 프랩스쿨 중에서도 이튼컬리지로의 진학률이 상당히 높은 럿그러브스쿨에 등록 입학했다고 생각된다. 이 등록절차가 과연 장래의 군주에게도 필요했던 것인지는 알 수 없지만 우리들이 만약 장래에 아이를 영국의 유명학교에 입학시키고자 한다면 서둘러서 등록해 둘 필요가 있다는 사실을 기억해 두자.

참고로 이 등록시기와 등록료는 학교에 따라 각양각색이다. 예를 들면 윌리엄이 다닌 프리프랩 스쿨인 웨더비의 등록 시기는 '탄생 직후 가능한 빨리. 또한 탄생 전에는 접수받지 않는다'고 되어 있으며 등록료는 150파운드(2015년도)이다. 입학을 위한 시험은 없지만 등록 시에는 집안, 경제력 등을 철저하게 조사해 합당하다고 판단된 아이들에 한해 입학허가를 내기 때문에 등록을 한다고 해서 다 들어갈 수 있는 간단한 것은 아니다.

또한 프랩인 럿그러브 스쿨의 경우 등록은 입학 2년 전부터 개시한다고 되어 있다. 등록 후 학교에서 초대하면 학교견학에 참가해 교장과 부모, 본인이 4자 면담을 한 후에 입학허가를 낸다고 되어 있다. 즉, 2년 전 미리 보는 부모와 아이의 면접시험인 셈이다. 그 2년 후인 입학 때에는 정식 입학시험은 없다고 말하지만 프리프랩스쿨에서의 성적표 제출과 영어, 수학의 간단한 시험을 본다.

그 후 윌리엄이 진학한 이튼컬리지의 등록 시기는 탄생 직후(가 아니면 당연히 공석이 없어진다)이며, 등록료는 300파운드(2015년도)다. 그리고 입학시험은 면접과 기술시험, 그리고 전 학교에서의 성적을 토대로 상당히 엄격한 심사가 이루어진다.

여기까지 읽은 독자들 가운데 '우리 아이도 영국왕실과 같은 엘리트교육을 시키고 싶었는데, 이미 늦은 거 아니야.'라고 탄식할지도 모르겠다.

하지만 이 입학 절차는 어디까지나 영국에 거주하고 있는 국내생에 한한다. 해외에서 입학을 희망하는 유학생들에게는 그들만의 입학 루트가 따로 준비되어 있다. 단, 같은 사립학교에서도 가장 좋은 학교와 그렇지 않은 학교가 있으므로 내 아이를 유학시킬 때에는 신중하게 학교를 선택할 필요가 있다. 해외에서 유학을 오는 경우에 대해서는 제6장에서 상세하게 소개하도록 하겠다.

해리포터 나라의 교육사정2 – 이야기로 끝나지 않는 그리핀도르 기숙사 생활

해리포터가 호그와트 스쿨에 입학한 것은 11세지만, 윌리엄이 럿그러브 스쿨에 입학한 것은 8세였다. 따라서 윌리엄은 해리포터보다 더 어린 나이에 기숙사 생활을 경험한 것이다.

럿그러브는 8세에서 13세까지의 전교생 기숙사제인 남자학교다. 일본에서 말하자면 초등학교 3학년부터 중학교 2학년 정도까지의 남자아이들이 하나의 '하우스'라고 불리는 기숙사에서 숙식을 함께하며 생활하는 것이다.

영국의 보딩스쿨에 대한 모습이 잘 나타난 영화 중 하나가 '해리포터 시리즈'다. 해리가 지낸 그리핀도르는 11세부터 18세까지 폭넓은 나이의 남자아이들 및 여자아이들이 수업과 게임(스포츠)으로 바쁘게 생활하고 있는데, 윌리엄이 다닌 럿그러브 스쿨도 실제로 바쁜 일정으로 짜여있다.

대표적인 하루 시간표를 예로 살펴보자.

럿그러브 스쿨의 대표적인 하루 타임테이블

07:15 기상

07:45 조식

08:15 자유시간 혹은 예술, 음악훈련시간

08:40 채플 예배

09:00 수업 1교시

09:35 수업 2교시

10:10 수업 3교시

10:45 수업 4교시

11:20 티 타임 혹은 게임 (축구, 크리켓 등)

11:50 수업 5교시

12:25 수업 6교시

12:30 점심

13:00 독서와 자습

13:40 휴식 (독서 혹은 편지쓰기)

14:25 게임 스포츠

16:10 수업 7교시

16:45 수업 8교시

17:20 과외수업 (프라이빗 레슨)

17:55 정돈, 점호

18:00 저녁식사

18:30-20:10 배스타임 & 취침

20:15-21:15 소등 (학년에 따라 시간이 다르다)

    이처럼 쉴 틈도 없을 만큼 빽빽한 일정으로 짜여있다. 이것이 영국 보딩스쿨의 생활이자 특징이다. 원기 왕성한 아이들이 심심하다고 느낄 새가 없도록 하기 위해 '바쁜 스케줄을 짜 두는 것'이 가장 좋다고 생각하기 때문이다. 그렇기 때문에 모든 보딩스쿨에서는 실제로 빽빽하게 일정을 짠다.

    하루의 바쁜 스케줄은 프랩스쿨도 퍼블릭스쿨도 마찬가지지만 시간표를 잘 들여다보면 1교시가 불과 30분 정도라는 것을 알 수 있다. 이것은 아이들이 집중할 수 있는 시간이 대략 20분이라고 알려져 있기 때문에 초등학교의 아이들에게는 적합한 시간표이다.

    또한 오후에는 독서 시간과 함께 편지를 쓰는 시간이 준비되어 있다. 이것도 학생들이 아직 어린 프랩보딩스쿨의 특징인데 부모님에게 감사하는 마음을 기르기 위한 가장 좋은 습관을 들이는 것이다. 게다가 오후에는 2시간 가까이 '게임' 시간이 있는데, 이것

역시 영국의 엘리트 양성학교에서 빼 놓을 수 없는 스포츠맨십을 기르기 위한 시간이다.

윌리엄은 특히 축구를 좋아했으며, 이 외에도 수영, 농구, 클레이사격, 크로스컨트리(장거리 달리기) 등을 잘 했다고 한다. 어머니에게 물려받은 좋은 운동신경을 발휘한 것이다. 또한 윌리엄은 럿그러브 스쿨 재학 당시 골프 레슨 중에, 7번 아이언을 가지고 퍼팅을 하다가 골프클럽에 이마를 맞아 구급차로 병원에 실려 간 적이 있다. 그 때의 상처를 '해리포터'의 상처와 똑같다며 오히려 자랑스러워 한다(?)는 이야기가 있다.

어쨌든 활기 넘치는 보이스쿨에서의 기숙사 생활은 남자 아이를 보다 늠름하게 키워준다. 학습은 물론 집단생활에 필요한 인간관계, 특히 친구에게 쉽게 보이지 않기 위해서는 완력이 가장 중요하다는 사실을 이 시기에 배워야 한다고 생각하고 있다.

지식을 주입하는 것보다도 살아가는 힘을 체득하는 것이 영국 상류계급에서 이루어지는 엘리트 교육의 첫발이다. 따라서 윌리엄의 이마 상처 사건도 일본에서 일어난 일이라면 큰 뉴스거리가 되었을 법도 한데, 영국 현지에서는 그다지 큰 소동이 되지 않았다.

윌리엄은 1995년 7월 이튼컬리지 입학시험에 합격한다. 이로써 정식으로 '이튼멤버'에 합류한 것이다. 이튼컬리지는 말할 필요도 없이 영국 유수의 퍼블릭 스쿨 중에서도 그 정점에 위치한 명문학교다. 1440년에 창립한 역사가 매우 긴 학교로 창립 이래 전 기숙사제로 운영되고 있는 남학교다.

현재의 영국에서 아이들에게 '일류의 교육을 시키자.'는 것은, 즉 '퍼블릭스쿨에서 교육시키자.'는 의미와 같다. 이것은 교육의 최종지점이 대학으로 여겨지는 일본이나 미국과는 크게 다른 점이다.

특히 왕실이나 귀족 등의 상류계급에서는 옥스퍼드나 케임브리지 등의 일류대학 출신이라는 것보다도 이튼이나 해로, 럭비 등의 일류 퍼블릭스쿨 출신인지 여부가 대학을 운운하는 것보다 훨씬 중요시된다. 왜냐하면 엘리트교육의 근저가 기숙사 생활을 중시하는 퍼블릭스쿨에 있기 때문이다.

영국 엘리트 학교 - 왕실 교육, 어떤 방법으로 선택?

지금부터는 영국 특유의 '퍼블릭스쿨'에 대해 설명해 보도록 하겠다. 일반적으로 '퍼블릭'이란 '공공'을 의미하기 때문에 예를 들면 미국에서는 공립학교를 '퍼블릭 스쿨'이라고 부르지만 영국에서는 공립학교를 '스테이트 스쿨'이라고 부른다. 사립학교는 '인디펜던스(독립) 스쿨' 및 '프라이빗 스쿨'이라고 부르며, 퍼브릭스쿨은 인디펜던스 스쿨에 포함된다.

인디펜던스 스쿨은 현재 영국에 약 2,500교가 있는데, 그중에서 13세(혹은 11세)부터 18세까지의 중등교육 학교 중에 탑 10%에 해당하는 전통학교만을 퍼블릭스쿨이라고 칭한다.

그렇다면 그 구분 방식을 살펴보면, 영국에는 1869년에 창설한 '헤드 마스터 & 헤드 미스트리스 컨퍼런스'('교장 및 여교장 회의'의 약자로 HMC)라는 비영리 조직이 있는데, 현재에는 이 조직에 속해 있는 사립학교만을 '퍼블릭스쿨'로 인정하고 있다.

또한 이 중에서도 가장 훌륭한 엘리트 학교는 HMC 창설 1년 전에 성립된 '퍼블릭스쿨법'에 의해 인정된 8개의 기숙학교(Brighton, Eton, Charterhouse, Harrow, Rugby, Shrewsbury, Westminster and Winchester)이다. 당초에는 여기에 전일제의 두 개 학교(St Paul's and Merchant Taylors)도 포함되어 있었지만 최종적으로는 8개의 기숙학교만이 인정을 받았다. 어쨌든 이 10개의 학교가 현재에도 최상위 엘리트 학교로 분류되고 있으며, '퍼블릭스쿨'이라고 하면 이 학교 이름들이 거론된다.

이외에도 현재 (2015년) HMC에 속해있는 학교 수는 영국 내에

253개교, 세계에는 63개교에 불과하며, 연간 전체 학생 수는 약 20만 명이다. 이 학교들은 평균적으로 한 학급에 교사 1명당 학생 수가 9명인 소수제다. 예전 한 반에 40명이란 제도에 익숙해져 있는 일본에서는 학급의 크기가 작을수록 교육의 질을 걱정하는 경향이 있지만 세계적인 시점에서 보면 완전히 그 반대이다.

어쨌든 영국의 상류계급에서는 1대 1 가정교사의 교육에서 역사가 시작되었기 때문에 반의 규모가 커지면 학생 한 명 한 명을 교사의 눈으로 다 볼 수 없다고 생각한다. 따라서 영국의 경우에는 공립학교의 한 반 정원조차도 30명으로 정해져 있으며, 담임도 최소 2명이 평균이다.

최근 일본에서도 대학의 질을 묻는 세계 랭킹을 신경 쓰게 되었는데, 이 랭크의 첫 번째 항목이 교수 1명에 따른 학생 수, 즉 한 반의 규모다. 가장 고득점을 받은 곳은 '튜터리얼(tutorial)'이라는 1대 1 교습법을 실천하고 있는 곳이다.

또한 HMC에 아무 사립학교나 가맹할 수 있는 것이 아니다. 반의 규모, 학교 전통, 교사와 수업내용의 질, 기숙사를 비롯한 학교 시설 및 복지의 질 등을 엄격하게 심사한 후에 상위 200개의 학교까지라는 제한이 있다.

현재에는 200개의 학교가 넘지만 이것도 대부분이 전통학교에 딸린 부속학교나 해외학교이다. 손쉽게 HMC 멤버 학교에 들어가지 못하는 만큼, 영국 왕실이나 상류계급에서 자식들의 학교를 선택할 때 HMC 멤버인지의 여부를 조건으로 본다.

이튼은 히드로 공항에서 차로 20분 정도의 거리에 있는 버크셔 왕실 거리에 위치하며, 대안에는 윈저성이 좌안에는 템스강이 위치하고 있다. 거리로 들어가면 영국의 컨트리사이드에서 자주 볼 수 있는 예스럽고 작은 석조 가게가 즐비한 하이 스트리트(번화가)를 중심으로 이튼 컬리지의 역사 깊은 건물들이 거리 전체에 점재해 있다.

이 모습은 마치 대학가인 옥스퍼드나 케임브리지를 방불케 하는 풍경이다. 그리고 조식이나 점심시간, 혹은 하교 때가 되면 이튼 컬리지의 연미복인 제복을 입은 남자 아이들이 거리를 활보한다. 이 모습은 그야말로 명물로, 영국 상류계급사회의 한 장면을 볼 수 있는 풍경이다.

윌리엄은 이 이튼 컬리지에서 5년에 걸쳐 교육을 받았다. 입학한지 3년째에 치룬 GCSE(의무교육수료시험)에서는 10교과목에서 합격점을 받았다. 그 내역은 최고 그레이드인 'A*'가 3개, 'A'가 5개,

'B'가 2개라는 좋은 성적이었다.

이 성적이라면 엘리자베스 여왕도 아버지 찰스 왕세자도 아마 기뻐했을 것이다. 어쨌든 윌리엄은 한 해 전인 1997년 8월에 가장 좋아하는 엄마 다이애나 전 왕세자비를 사고로 잃는다. 아마 윌리엄의 일생에서 가장 힘든 사건이었을 것이다.

윌리엄에게 이튼 컬리지에서의 생활은 부모가 가십에 휘말린 시기와 같다. 남자뿐인 전 기숙사제에서의 바쁜 생활이 오히려 외부 세계의 가십으로부터 윌리엄을 차단하는 좋은 환경이었다는 점을 쉽게 알 수 있다.

역경에 굴하지 않고 우수한 성적을 거둔 윌리엄은 퍼블릭스쿨 특유의 감독생으로 선발되었다. 감독생은 기숙사 생활 전반에 걸쳐 지도적인 위치에 서게 된다. 이튼 컬리지에서는 감독생을 '팝(pop)'이라고 부른다. 팝은 불과 21명의 우수한 학생들로 구성되어

윌리엄 왕자

있으며, 그 멤버들의 조끼가 보통 제복의 조끼와는 다른 디자인으로 되어 있기 때문에 누가 봐도 한 눈에 팝인지를 알아 볼 수 있다.

영화로 알아보는 이튼 컬리지

윌리엄은 다이애나 사망 후 이튼 컬리지에서의 마지막 2년 동안 대학진학을 목표로 A레벨의 지리와 역사, 생물학을 선택해 공부했다. A레벨은 GCSE시험에 비해 상당히 어려운 내용이기 때문에 이 2년 동안은 맹렬하게 공부에 매달려야만 한다. 연령으로는 17, 18세로 몸과 마음 모두 어른 집단에 들어서는 미묘한 연령대이다.

이 퍼블릭스쿨의 최고학년(6th Form)을 모델로, 게다가 이튼 컬리지를 무대로 한 명작이 있다. 1984년에 개봉된 영국 영화 '어나더 컨트리(Another Country)'는 1930년대 영국의 퍼블릭스쿨을 무대로 동성애나 공산주의에 열중하는 엘리트 학생들을 그리고 있다. 당시에는 일본에서도 미소년 붐의 선두주자라는 이유에서 화제가 된 영화이다. 이 영화의 모델이 된 학교가 이튼 컬리지다.

이 영화 속 주인공 청년은 엘리트 학생들의 자치집단 '갓(god)'에 속해 있다. 윌리엄이 뽑힌 이튼 컬리지의 엘리트 집단 '팝'이 여기에 해당한다. 영화 속에서는 주인공이 자신의 동성애를 들켜 '갓'에

뽑히지 못하고 실망하는 장면이 있는데, 실제 이튼에서도 엘리트 집단 '팝'의 자리를 둘러싸고 격렬한 분쟁이 생긴다. 왜냐하면 팝으로 선출만 되면 그 사람의 인생에 좋은 영향을 가져다주기 때문이다. 무엇보다 여기까지 오면 그야말로 영국왕실풍의 최상위가 붙는 엘리트교육의 이야기로 일반서민과는 별로 관계가 없는 이야기가 되고 말지만……

원래 이 영화의 촬영지로 이튼 컬리지를 사용하고 싶어 했다고 한다. 하지만 동성애 등을 다룬 내용이었기 때문에 이튼 컬리지에서 촬영허가를 내지 않아 옥스퍼드에서 촬영했다. 그렇다고는 하지만 실제의 이튼 컬리지를 방불케 하는 장면이 군데군데 들어 있다. 흥미가 있으면 반드시 보길 권하는 바이다.

왕자들도 경험! 대학까지는 머나먼 여정

이야기를 조금 현실적인 내용으로 바꿔 보자. 공립학교라면 GCSE 수료 후에는 진학반과 취업반으로 나뉜다. 일본에서는 의무교육이 끝나면 고등학교에 진학하지만 영국에는 '고등학교'가 없다. 준비되어 있는 것은 대학 입시에 해당하는 'A레벨' 시험을 치르기 위한 2년 코스이며, 이는 '식스폼(6th Form)'이라고 불린다.

식스폼에 진급하기 위해서는 최저 GCSE에서 5과목을 패스해야만 한다. A*, A, B, C, D, E, F, G, U의 9단계 평가 중 상위 A*~C 등급에 들어야 합격할 수 있다. 참고로 2014년도의 GCSE에서 합격자의 비율은 전체의 68.8%로 불합격에 해당하는 남은 퍼센트의 학생은 필연적으로 학업을 16세 시점에서 끝내게 된다.

다이애나 전 왕세자비가 GCSE를 합격하지 못해 16세에 스위스의 예비신부학교로 옮긴 것은 이 진학 시스템 때문이다. GCSE에서 'D' 이하의 등급을 받은 경우에는 아무리 로열패밀리나 귀족일지라도 그 다음의 A레벨에서 같은 과목을 공부하는 것이 허락되지 않는다. 왜냐하면 A레벨의 학습내용은 GCSE와 비교해 단연코 어렵기 때문이다. 보통 'A' 혹은 'B' 이상의 성적취득자가 아니면 A레벨의 수업을 따라가지 못할 정도의 난이도이기 때문이다.

이것이 일본과 영국의 대학입시에서 크게 다른 점이다. 영국인 엄마들과의 대화나 학교 선생님과의 대화를 들어보면 '학구적인 아이'와 '학구적이지 않은 아이'라는 표현을 자주 한다. 여기 영국에서는 공부를 잘하지 못하는 아이나 공부를 싫어하는 아이, 즉 '학구적이지 않은 아이'를 최고학부인 대학교에 보내는 것은 아무 의미가 없다는 생각이 뿌리 깊게 박혀있다. 참고로 일본의 경우

40년 정도 전부터 고교진학률이 90%를 넘고 있는 것을 보면 영국과 일본이 얼마나 다른지를 알 수 있다.

사실 윌리엄이 다녔던 프리프랩과 프랩스쿨의 선생님들은 아이들의 잠재능력을 끌어내는 것에 능숙한 전문가들이라고 알려져 있다. 그렇기 때문에 학구적이지 않은 아이의 경우에는 빠른 시기부터 음악이나 예술, 스포츠 등에 힘을 쏟아 그 아이의 재능을 끌어내려고 노력한다.

따라서 '공부 잘하는 아이'만이 좋다는 생각은 하지 않는다. 예를 들어 음악, 예술, 스포츠에 뛰어난 아이도 공부 잘하는 아이처럼 혹은 그 이상으로 높은 평가를 받는 것이 영국교육의 특징이기도 하다.

따라서 GCSE를 위한 공부가 시작되는 연령에는 어느 정도 자신에게 맞는 진로를 결정해, 그 희망에 따른 교과를 선택하지 않으면 이미 늦어버리고 마는 경우가 종종 있다. 그렇기 때문에 영국의 교육 현장에서는 조기에 그 아이의 재능을 찾아낼 수 있도록 노력하는 것이다.

그래서 GCSE(찰스 시대는 GEO-O레벨)를 무사하게 합격하고 그 후의 진학을 목표로 하는 사람만이 A레벨 시험을 위한 식스폼에 진학할 수 있다. 이 단계가 되면 이튼 컬리지와 같은 퍼블릭스쿨도 공립학교의 식스폼도 같은 A레벨 시험을 위한 학습이 시작된다. 물론 지도 부분에서의 차이는 존재하겠지만 중요한 것은 본인이 얼마만큼 하는지에 달려있다.

현행 A레벨에서는 1년차에 AS레벨, 2년차에 A2레벨의 시험 결과를 가지고 최종적인 등급이 결정된다. AS에서는 최저 4과목, A2에서는 최저 3과목까지 줄일 수 있다. 실제로 대학에서 요구하는 과목 수가 3과목이기 때문에 일본의 고등학교에 상응하는 영국의 식스폼 단계에서는 3~4과목만 공부하면 되는 셈이다.

단, 그 학습내용은 상당히 수준이 높다. 예를 들면 윌리엄이 선택한 지리나 역사에 대해 살펴보면 시험 형식은 전부 논술 형식이다. 해답도 암기한 것을 답하는 것이 아니라 수험자의 의견을 논술하는 형태이다. 시험시간도 1과목에 3시간짜리 교과도 있다.

예를 들면 역사 중에 현대사를 선택한 경우, 최초의 1년 동안 공부하는 내용은 제2차 세계대전을 기축으로 히틀러가 살았던 시대인 수 십 년에만 초점을 맞춰 여러 각도에서 고찰해 보는 방식이다.

그리고 2년째 학습에서는 미국의 근대사, 게다가 루스벨트부터 케네디 대통령까지, 이번에도 수 십 년만의 사건들을 암기하는 것이 아니라 다면적으로 고찰한다. 그 내용을 보면 일본의 대학에서의 전문 과정 혹은 대학원 수준이라고 말해도 과언이 아니다.

윌리엄은 이튼에서 '팝'의 멤버 중 한 명으로, 그리고 축구의 하우스 캡틴으로 활약하며 내실 있게 최고학년을 보냈다. 또한 A레벨 시험에서 지리 'A', 미술사 'B', 생물학 'C'를 취득하고 스코틀랜드의 세인트 앤드류스 대학교에 입학할 것을 정했다.

이튼 졸업부터 대학교 입학까지 갭이어(gap year)를 1년 동안 가지면서 영국 육군에서 훈련을 받기도 하고 농장의 취업 체험을 하며 다양한 경험을 쌓았다. 또한 아프리카를 방문하거나 칠레 남부에서 봉사활동에 참가하기도 했다.

이 갭이어 제도는 영국에서는 매우 대중적인 교육제도다. 말하자면 고등학교 졸업 후 바로 대학에 진학하는 것이 아니라 대학교 입학의 권리를 취득한 채로 1년 동안 공백 기간을 가지며 그동안 대학에서는 얻을 수 없는 경험을 보충하는 시간이다.

영국에서는 취직 시에 갭이어를 어떻게 보냈는지에 대해 묻는 경우도 많으며, 사회 전체에서 갭이어를 추천하는 분위기다. 또한 기획회사나 여행회사에서 갭이어를 위한 다양한 프로그램을 준비해 두고 있기도 하다.

일반적인 가정의 아이들에게는 전반의 반년은 아르바이트로 돈을 모으고 후반의 반년은 해외에 나가 봉사활동에 참가하는 프로그램이 인기다. 물론 스스로 계획을 세워 최대한 돈을 쓰지 않으면서 세계 일주를 하는 사람도 있으며, 또한 그 중에는 이 갭이어 기간을 이용해 재차 A레벨에 도전해 원하는 대학에 들어가는 사람도 있다.

2001년 갭이어를 마친 윌리엄은 세인트 앤드류스 대학교에서의 생활을 시작했다. 당초의 전공은 미술사였지만 나중에 지리학으로 바꿨다. 졸업 시의 성적은 아버지의 찰스보다 1단계 위인 2:1이라는 좋은 성적이었다.

이때 왕비가 된 케이트 미들턴과 만난 사실은 주지의 사실이다. 단, 윌리엄의 대학생활이 파파라치들 때문에 엉망이 되지 않도록 영국 왕실과 신문 각사는 보도규제의 협정을 체결했다.

이 배경에는 아마 어머니 다이애나 전 왕세자비의 사망사고도 영향이 있었을 것이라고 생각한다. 또한 윌리엄 자신도 자신을 '스티브'라고 소개하며 여느 학생들처럼 행동했다고 한다. 주위 사람들도 윌리엄을 스티브라고 불렀다.

해리 왕자
인기 급상승인 난봉꾼 왕자가 받은 교육

장난꾸러기 해리 왕자

품행이 방정한 형 윌리엄 왕자와는 달리 해리 왕자는 때때로 제멋대로 행동해 타블로이드 신문을 장식하곤 한다. 해리 왕자는 찰스와 다이애나의 차남으로 1984년 9월 15일 형과 같은 런던의 세인트 메리 병원에서 태어났다.

해리는 프리프랩에서 이튼 컬리지까지 형 윌리엄과 같은 학교에서 교육을 받았다. 그리고 다이애나의 강인한 뜻에 따라 일반 또래 아이들이 접하는 디즈니 월드와 맥도널드 등을 즐겼다.

또한 다이애나가 심혈을 기울인 에이즈 환자를 위한 진료소와 노숙자를 위한 피난소 등에 어머니와 함께 방문하기도 했다. 두 명의 왕자는 어렸을 때부터 지금까지 왕실과는 다른 사회체험을 많이 경험할 수 있었다.

이것은 21세기 영국왕실에서 상당히 중요한 '교육'이었다고 생각한다. 이러한 교육 덕에 윌리엄도 해리도 항상 이질감 없이 국민들 속에 녹아들 수 있으며, 그 자연스러운 행동이 지금 그들의 인기에도 영향을 미치고 있기 때문이다.

다이애나 전 왕세자비가 사고로 돌연 사망했을 때, 해리는 아직 12세였다. 어머니의 장례식에서 윌리엄과 함께 다부지게 행동하던 해리의 모습에 가슴 아파한 국민도 많았을 것이다. 아버지 찰스는 이때에 최대한 두 자식에게 다가가려고 노력했다. 그래서인지 두 왕자 모두 이튼 컬리지에서 기숙사 생활을 시작했지만, 휴가 때마다 아버지와 두 아들의 모습이 뉴스에 거론되게 되었다.

1997년, 다이애나 전 왕세자비의 장례. 앞에서부터 필립 전하, 윌리엄 왕자, 스펜서 백작(다이애나 전 왕세자비 남동생), 해리 왕자, 찰스 왕세자.

가정 내에서는 5세부터 음주 가능?

다만 해리의 방탕한 모습이 도를 넘어섰다. 이튼 컬리지에 입학한 14세 때에는 이미 알코올의존증을 앓았을 정도이다. 11세부터 담배와 술에 손을 댔다고 한다.

　11세면 명문 프랩스쿨인 럿그러브 스쿨에서 기숙사 생활을 하고 있을 시기다. 공립학교라면 프라이머리 스쿨(초등학교)에서 세컨더리 스쿨(중학교)로 진학하는 연령대이다. 한창 말썽을 피우는 아이들은 이 시기에 여러 가지 나쁜 짓을 하는 나이이기도 하다. 바쁘고 규칙적인 기숙사 생활인데? 라는 의문이 생길지도 모르겠지만 아무리 명문학교라도 몇 백 명의 원기 왕성한 남자 아이를 데리고 있는 학교에서는 이와 같은 일이 일상다반사다.

　원래 영국에서는 가정 내에서 5세부터 알코올을 마셔도 된다고 되어 있기 때문에 밖에서 마시지 않는 한 법률 위반은 아니다. 아무래도 최근에는 건강을 배려해 엄격해지긴 했지만 일본 학교보다 훨씬 담배, 알코올, 그리고 마약 등이 횡행하고 있으니 이것을 자각해야만 한다.

　단, 이것도 본인의 의지에 달렸다고 할까, 개인주의가 철저한 영국인만큼 다른 사람에게 강요하는 것은 '나쁘다'고 여겨진다. 처음부터 나는 그런 일은 하지 않는다는 확실한 태도를 보이면 괜찮다. 주위에 휩쓸리지 않을 만한 확고한 의지와 다른 사람과의 커뮤니케이션 능력이 보딩스쿨 라이프에는 필요하며, 이러한 기술을 배우고 익히기도 한다.

그렇다면 영국의 보딩스쿨, 특히 남자학교의 불량스러움을 잘 알 수 있는 영화를 소개해 보고자 한다. '굿바이 미스터 칩스(Goodbye, Mr. Chips)'는 1939년과 1969년에 영화화되어 두 편 모두 명작으로 화제가 된 작품이다. 무대는 19세기 말부터 20세기 초두에 걸친 영국의 전 기숙사제의 남학교이다. 장난을 친 학생들에 대해 칩 선생이 본의 아니게 매를 들고 체벌을 하는 장면이 있는데, 이 전통적인 습관과 체벌 그 자체가 현재에는 법률로 강하게 금지되어 있다.

가십거리에 대한 기대를 저버리지 않는 해리 왕자

현재의 보딩스쿨은 체벌도 없어지고 예전의 퍼블릭스쿨에 비하면 학생들에게는 지내기 편해졌다. 이러한 환경 탓인지, 엄격한 기숙사 생활로부터의 해방감 때문인지, 해리는 17세 여름방학에 마리화나 흡입 소동을 일으키고 말았다. 이때에는 아버지 찰스도 격노

했으며, 아버지의 설득에 의해 마약 중독 환자를 위한 세미나에 참석했다고 한다. 어머니인 다이애나를 잃은 것도 큰 영향을 미쳤겠지만 상당히 안타까운 사건이었다.

이튼에서의 해리는 공부에도 손을 떼어 학년에서도 최저 성적을 받았다. A레벨의 성적은 미술이 'B', 지리가 'D', 그리고 미술사는 1년 만에 관둬버렸다. 그 결과 대학진학은 이룰 수 없었지만 A레벨 2과목 합격으로 입대가 허가되어 영국육군으로 진출하게 되었다.

해리가 대학 진학을 원했는지는 의문이다. 이튼 졸업 후 1년 동안 갭이어를 신청해 입학한 곳은 샌드허스트 왕립 육군사관학교였다. 이곳은 예전에 윈스턴 처칠이나 각국의 왕족 및 귀족이 수많은 훈련을 받은 명문 사관 양성학교다. 원래 스포츠 만능으로 활동적인 성격인 해리에게 샌드허스트로의 진학은 어릴 적부터 정해져 있었는지도 모른다. 그렇기 때문에 공부에 손을 놓았을 수도 있다. 해리 왕자는 이튼 시절에 럭비와 폴로로 활약했다. 갭이어를 가진 1년 동안은 아버지 찰스를 본받아 호주의 목장에서 취업을 체험한 후 아프리카 남부의 레소토의 고아원에서 봉사활동을 했다. 그 후는 아르헨티나로 건너갔는데 또 음주와 유괴 미수(!?)라는 오해를 불러일으킬만한 사건을 일으켜 아버지 찰스로부터 귀국을 명령받았다. 참으로 마지막의 마지막까지 가십거리에 대한 기대를 저버리지 않는 해리 왕자다.

학업의 총마무리, 현대판 그랜드 투어

윌리엄 왕자와 해리 왕자의 갭이어는 이른바 현대판 '그랜드 투어'였다. 그랜드 투어란 17세기에서 18세기에 걸쳐 영국 왕실과 귀족인 자식의 학업을 총마무리하기 위한 목적으로 이루어지는 수학여행을 말한다.

목적지는 유럽대륙, 주로 프랑스와 이탈리아 등의 문화적 선진국이다. 가정교사를 동반하며 짧으면 수개월부터 길면 8년(!)이라는 세월을 들여 프랑스에서 세련된 매너를 배우고 이탈리아에서 로마 시대의 예술에 접하는 등 교양의 깊이를 더하는 것을 목적이다.

영국의 귀족관 등을 방문해보면 이탈리아식 건물이나 그림 등을 볼 수 있다. 그림의 대부분은 이 그랜드 투어 중 손에 넣은 '토산품'들이다. 또한 영국식 가든으로 유명한 랜드스케이프 가든은 이탈리아의 풍경화를 그대로 자신의 정원에 재현한 것이다.

17세기는 유럽 내 전란이 안정되고 동시에 각지의 교통망이 정비된 시절이다. 이러한 배경에 힘입어 젊었을 때부터 세계에 나가 견문을 넓히는, 현대의 글로벌 교육에 꼭 필요한 것이 그랜드 투어였던 것이다. 이 교육 이념은 200년이 지난 지금에도 바뀌지 않고 있다. 그렇기 때문에 영국에서는 갭이어 및 장기 여름휴가를 이용한 졸업여행이 권장되고 있다.

글로벌 엘리트가 되기 위해서는 영어 등의 어학력뿐만 아니라 진품을 보고 느끼며, 다른 문화에 대한 차이를 몸소 체험하고 이해하는 것이 중요하기 때문이다.

해리왕자는 2005년 샌드허스트 왕립 육군사관학교에 입학해 1년간 훈련을 받은 후에 졸업했으며, 현재에 이르기까지 육군에서 커리어를 쌓고 있다. 일본에서는 자주 스캔들로 화제에 오르는 해리지만 그의 경우 음습한 스캔들이 아닌 듣는 이의 실소를 자아내는, 만약 해리가 로열패밀리의 멤버가 아닌 보통의 젊은이였다면 아무도 신경 쓰지 않을 수준의 사건들이기 때문에 영국 국민의 해리에 대한 인기가 미디어 때문에 떨어지는 일은 없을 것 같다. 특히 형 윌리엄이 완전한 가정인으로 자리 잡은 요즘 젊은 여성들의 시선이 독신인 해리에게 주목되는 것은 당연한 일인지도 모른다. 그리고 최근에는 스캔들보다도 자선활동으로 화제에 오르는 경우가 더 많아졌다.

　어머니 다이애나의 비극을 경험하고도 적극적이고 밝은 성격이 변하지 않은 점은 높이 평가할만하다. 윌리엄도 해리에 대해 슬픔도 기쁨도 함께 나누는 존재인 만큼 '뭐든 이야기할 수 있는 유일무이한 존재'라고 말한다.

Chapter 04

Mum, Mummy, Mother!

영국의 이상적인 어머니상

퀸 마더, 엘리자베스 2세, 다이애나 전 왕세자비, 그리고 21세기 로열 맘이 된 캐서린 비가 받은 교육을 되돌아보며 영국의 이상적인 어머니상을 찾아보고자 한다.

20세기 로열 우상 퀸 마더

엘리자베스 2세의 어머니로서

퀸 마더는 엘리자베스 2세의 어머니, 엘리자베스 안젤라 마가렛 보우스라이언을 말한다. 영화 '킹스 스피치'로 일본에서 잘 알려진 조지 6세의 왕비다. 장녀 엘리자베스 2세가 즉위한 이후 모녀가 같은 이름이라 주변을 혼란시키지 않기 위해 '퀸 마더'라고 정식으로 부르게 되었다.

퀸 마더인 엘리자베스는 1900년 8월 4일에 런던에서 태어났다. 그해 가을 런던에서 스코틀랜드로 이사해 아버지 스트래스모어 백작의 성인 글래미스성에서 유소년기를 보냈다. 아이들의 교육은 어머니인 스트래스모어 백작 부인이 담당했으며 아이들을 가르치는 것을 좋아했지만, 무려 열 명이나 되는 형제자매들 중 아홉 번째인 엘리자베스는 거버너스에게 교육을 받았다고 한다.

1905년에는 프랑스인 마듀 랜이 거버너스로 고용되었다. 랜은 엘리자베스와 엘리자베스보다 두 살 어린 동생 데이비드의 교육 담당자로 주로 불어 등의 외국어와 고전 교육에 주력했다고 한다. 무엇보다 어린 나이였기 때문에 읽고 쓰기보다도 읽고 듣기나 발음을 연습하는 것이 메인이었다고 한다.

지금까지 영국에서는 중등교육으로 올라가는 12세경에 제2 외국어를 시작했었다. 학교에 따라 다르지만 대게 불어, 독일어, 스페인어 중에 선택한다. 첫 1년간은 문법이나 단어의 스펠링 등은 뒤로하고 발음과 간단한 회화연습을 주로 한다. 사립학교일 경우에는 좀 더 빠른 시기부터 외국어 수업이 시작되는 곳이 많다. 최근에는 영국인 학생의 외국어 습득률이 너무 낮은 나머지 공립학교에서도 7세부터 수업을 시작해야 한다는 생각이 확산되고 있다.

어쨌든 전 세계에서 통용되는 영어가 모국어인 경우, 외국어의 필요성을 별로 느끼지 못하기 때문에 외국어를 어려워하는 학생들이 상당히 많다고 한다. 이 때문에 일본의 문부과학성에 해당하는 영국의 교육성이 골머리를 썩고 있다고 한다.

엘리자베스는 거버너스 랜이 결혼으로 그만두자 런던의 말리본 하이 스트리트에 있는 유치원에 다녔다. 그 후 8세에는 슬론 스트리트의 초등학교에 2학기 동안 다녔다고 한다. 엘리자베스는 그

짧은 기간에 그리스어에 얽힌 훌륭한 에세이를 쓰는 재능을 보여 교사들을 감탄시켰다는 일화가 있다. 엘리자베스는 어학이나 문학적 재능에 두각을 나타냈다고 한다. 그 후에는 독일계 유대인 거버너스 케이티 큐블러에게 배웠고, 13세에는 옥스퍼드, 케임브리지의 자격시험에 우수한 성적으로 합격했다.

일생을 좌우하는!? 자격시험!
여기서 말하는 '옥스퍼드, 케임브리지의 자격시험'은 현재의 GCSE(의무교육 수료 인정시험)에 해당하는데, 이 중에서도 OCR(Oxford, Cambridge and RSA Examinations의 약자이다)이라고 불리는 종류의 시험을 말한다.

영국에는 일본과는 달리 평생을 따라다니는 시험 결과가 있다. 예를 들어 취업활동을 할 때에도 회사가 요구하는 채용자격의 조건으로 보통은 16세에 치르는 GCSE와 17, 18세에 치르는 A레벨 시험 결과의 등급이 요구된다. 이것은 대학교 진학뿐만 아니라 그 후의 취업 등에도 이러한 시험 결과가 '자격'의 하나로 간주되어 심사의 대상이 된다. 또한 시험 과목 역시 심사의 대상이 된다.

OCR은 영국의 이그잼 보드 중 하나이다. 이그잼 보드란 직역하면 '시험심사위원회'인데, 정부가 위탁한 자격시험을 작성하고 채점, 평가하는 조직을 말한다. 영국의 교육현장에서 실시되고 있는 자격시험은 일본의 센터시험과 같이 통일되어 있지 않으며 5~6개 단체의 이그잼 보드가 각각의 시험문제를 작성한다.

학교에서는 그 시험에 맞춰 학습을 한다. 그렇기 때문에 중등교육 도중에 전학을 해야 한다면 전학 갈 학교가 같은 이그잼 보드인지 아닌지를 꼭 확인해야 한다. 또한 각 학교는 어떤 이그잼 보드를 채용하고 있는지를 쉽게 알 수 있도록 입학 안내 및 홈페이지에서 공개하고 있다.

GCSE와 A레벨 시험은 매년 5, 6월에 전국에서 일제히 시행되며, 채점결과는 8월의 제3 목요일(A레벨은 제2 목요일)에 전국에서 일제히 발표된다. 뉴스에서도 시험과 결과에 대해 대대적으로 다룬다. 어쨌든 학생 한 명 한 명의 일생을 좌우하는 결과이므로 본인은 물론 부모와 학교의 선생님까지도 그 날만큼은 아침부터 매우 긴장되는 하루가 된다.

세 번의 프로포즈
교육 과정을 끝낸 엘리자베스는 21세 때에 조지 6세로부터 청혼을 받지만 로열패밀리의 멤버로서 살아갈 자신이 없어 단념하고 만다. 하지만 조지 6세는 포기하지 않고 다음해, 또 다음해에 청혼을 계속해 세 번째에 겨우 엘리자베스로부터 결혼을 승낙 받게 된다.

로열 프린스가 이와 같이 자유연애를 통해 결혼 상대를 찾은 것도, 게다가 그 상대가 지금까지 전승되어 왔던 타국의 왕족이 아닌 영국 귀족의 딸이었던 것도 국민들에게는 매우 신선한 일이며 왕실의 근대화를 느낄 수 있는 사건이기도 했다. 이러한 배경 때문에 엘리자베스는 결혼 당초부터 영국 국민들에게 그때까지의 왕비들과는 다른 환영을 받았다. 이는 다이애나 전 왕세자비 혹은 윌리엄 왕자와 결혼한 캐서린 비 때와 같은 환영이었을 것이다.

그 후 엘리자베스가 엄마가 된 것은 1926년의 일이다. 이후 10년 동안은 대단히 행복한 엄마 시절을 보냈을 것이라고 생각된다. 단, 딸 엘리자베스 2세가 1세일 때 호주 순방을 위해 딸을 영국에 남겨두고 가야만 했다. 엘리자베스는 그때의 일에 대해 '아기를 남겨두고 여행을 떠나지 않으면 안 된다는 것이 얼마나 비참한 일인가.'라고 일기에 썼다고 한다.

'국민과 함께 고난을 극복하다'

호주 순방을 끝마친 3년 뒤에 차녀 마가렛도 태어나 가족애 넘치는 평온한 가정생활을 보냈다고 알려져 있다. 이 평온한 생활이 급변해 왕비로서의 인생을 걸어야만 했던 엘리자베스였지만 그 역할을 훌륭하게 수행했다.

특히 제2차 세계대전이 한창일 무렵 독일군에 의한 런던 대공습이 있었을 당시 엘리자베스는 내각의 피난권고를 거부하고 '아이들은 나와 떨어져서는 안 된다. 나는 국왕폐하의 곁을 떠나지 않을 것이다. 그리고 국왕폐하는 런던을 떠나지 않으실 것이다.'라고 말한 사건은 상당히 유명하다.

이렇게 '국민과 함께 고난을 극복하겠다'는 자세는 당시 국민들로부터 열광적인 지지를 받았다. 아마 빅토리아 시대부터 계속된 근대사 중에 퀸 마더만큼 많은 국민들의 마음을 사로잡은 왕비는 후일의 다이애나 비를 제외하고는 없을 것이다. 누구에게나 사랑받을 만큼 밝고 온화한 언행을 겸비하고 또한 아무리 힘든 상황에서도 흔들리지 않는 의지의 강인함은 영국인들이 꿈꾸는 이상적인 어머니이며 아내이며 왕비였다.

2002년에 차녀 마가렛 공주의 뒤를 따라 101세의 나이에 사망

했지만 그녀의 인기는 식을 기세를 보이지 않았다. 대중의 편에 서서 대중의 사랑을 듬뿍 받은 매력 넘치는 퀸 마더는 20세기 로열 패밀리를 뒷받침한 위대한 어머니로서 영국 국민의 마음속에 남아 있다.

마미(mommy)로 일약 인기를 회복!?
엄마에 대한 사랑은 영원히

찰스 왕세자의 평가가 높아졌다!

2012년 6월 4일, 영국의 국영방송 BBC와 밴드 '테이크 댓'의 게리 발로우가 중심이 된 특별 콘서트 '다이아몬드 주빌리 BBC 콘서트'가 버킹엄 궁전 앞 광장에서 화려하게 개최되었다. 엘튼 존과 폴 매카트니, 스티비 원더 등 호화스러운 뮤지션들이 모였다. 많은 관객들이 궁전 앞 광장뿐만이 아니라 영국 각지에 설치된 특별 스크린 앞에 집결해, 엘리자베스 2세 여왕의 즉위 60주년을 축하하는 '다이아몬드 주빌리 BBC 콘서트'를 지켜보았다.

이 콘서트 종반에서 찰스 왕세자가 무대에 올라 여왕에게 축사를 했는데, 그 첫 번째 소절이 '마미(엄마)'였다. 이에 영국 전국의 많은 관중들이 크게 기뻐했다. 찰스는 틀에 박힌 딱딱한 스피치를 예상했던 대중들에게 큰 환호를 받았을 뿐만 아니라 이 한마디로 단숨에 주가가 상승했다. 그 후에 이루어진 '차기 왕위 계승자로 누가 좋은가?'라는 인기투표에서도 아들인 윌리엄 왕자를 대폭적으로 우회하는 표를 얻어 쾌거를 이뤘다. 다이애나 전 왕세자비와의 이혼 이래 처음으로 국민들이 찰스에게 마음을 연 순간이었다.

※ 로열패밀리의 황금시대

영국 국민들에게 있어서도 엘리자베스 2세는 '어머니'로서의 이미지보다도 '여왕'으로서의 존재감이 압도적으로 강하기 때문에, 찰스의 이 한 마디는 여왕의 어머니로서의 일면을 국민에게 보여준 순간이었는지 모른다. 이후 조지 왕자의 탄생 무렵부터 조모, 증조모로서의 퀸의 일면이 화제에 오르는 일이 늘어났다.

 엘리자베스 2세의 경우 자신의 아이 네 명 중 세 명이 이혼과 재혼을 반복하는 불행이 연속되면서 어머니로서 뼈아픈 시간을 오랫동안 보냈을 것이다. 하지만 손자 윌리엄 왕자의 약혼과 결혼을 비롯해 다이아몬드 주빌리(여왕 즉위 60년) 때부터, 엘리자베스 2세를 포함한 로열패밀리들의 황금시대(절정기)가 도래했다. 이것이야말로 오랜 기간 어머니로서의 노고가 최근에 들어 보답 받게 된 것인지도 모른다.

다이애나 전 왕세자비에서
캐서린 비까지

다이애나 전 왕세자비는 찰스와 이혼할 때에 '윌리엄 왕자에게 나의 모든 희망을 건다.'고 말했다. 아마 근대 로열패밀리의 역사 중에 다이애나만큼 결혼생활이나 어머니로서의 이상상이 대중과 비슷한 감각을 가진 사람은 없었을지도 모른다. 다이애나는 왕세자비라는 입장보다도 항상 남편에게 사랑받는 아내이길 바랬다. 그리고 '보통'의 어린 시절을 자식들에게 선물하려고 노력했다.

　인생의 절반이 지났을 무렵 비극적인 사고로 세상을 떠나면서 어머니로서의 인생에도 불과 15년 만에 종지부를 찍었다. 하지만 윌리엄은 생전에 다이애나가 말한 대로 어머니의 모든 희망을 캐서린 비와 함께 실천하고 있다.

※ 다이애나 전 왕세자비가 이루지 못한 '보통'의 행복한 가정을 그렇다면 이번에는 캐서린 비가 받은 교육에 대해 살펴보자. 캐서

린은 1982년 1월 9일 리딩에 있는 왕립 버크셔 병원에서 태어났다. 아버지인 마이클은 전 영국항공의 플라이트 플랜을 작성하는 디스패처, 할아버지도 같은 영국항공의 파일럿, 게다가 선조는 대대로 사무변호사를 하거나 양모를 팔아 부를 축적한 리즈의 명문 출신으로 중산계급에 속한다.

한편 어머니인 캐럴은 아버지가 탄광부, 어머니가 공장노동자라는 노동자 계급 출신으로 캐럴이 영국항공의 객실승무원으로 근무하고 있을 때에 마이클을 알게 되어 결혼하게 된다. 캐서린과 한 살 차이인 차녀 피파와 다섯 살 아래인 장남 제임스가 있다. 캐서린은 두 살 때 부모님의 일 관계로 요르단의 수도 암만에서 2년을 보냈다. 그 동안은 암만에 있는 영국식 보육원에 다녔으며, 생가인 버크셔에 귀국한 후에는 사립 명문 프랩스쿨인 '세인트 앤드류 스쿨'에 입학했다.

세인트 앤드류 스쿨은 3세부터 13세까지의 남녀 공학 학교로 통학생과 기숙사생을 합쳐 260명 정도의 재학생이 있다. 광대한 자연의 대지에 둘러싸여 있으며, 빅토리안 고딕풍의 장대한 컨트리 하우스를 학교 건물로 하는 아주 멋진 환경이다. 아이들의 재능을 이끌어내는 교육방침 하에 공부뿐 아니라 스포츠, 미술, 음악,

연극 등의 분야에도 심혈을 기울이고 있다.

특히 여자 하키 경기는 영국 내에서 상당히 유명하다. 캐서린도 재학 중에는 하키에 열중했다고 한다. 또한 윌리엄 왕자가 다녔던 럿그러브 스쿨과의 하키 대항시합이 세인트 앤드류에서 이루어져 1991년에 둘은 이 운동장에서 처음으로 만났다고 한다. 이는 두 사람이 결혼하기 약 20년 전의 일이다.

프랩 졸업 후에 캐서린이 입학한 곳은 영국의 명문 퍼블릭스쿨의 하나인 '말보로 컬리지'다. 말보로 컬리지는 13세부터 18세까지의 남녀 공학 학교로 현재에는 통학생도 수용하고 있지만 대부분은 '하우스'로 불리는 기숙사에서 생활한다.

영국의 명문 퍼블릭스쿨의 최고의 가치는 기숙사 생활에 있다. 보통 교실에서는 배울 수 없는 인간관계, 자립심 등을 기르는 전인교육을 모토로 하고 있으며, 로열패밀리를 비롯한 영국의 중산계급 이상의 아이들은 대다수가 10대에 기숙사 생활을 체험하며 성장해 나간다.

캐서린도 말보로 컬리지에서는 기숙사 생활을 했다. 당시 그녀의 방 벽에는 윌리엄 왕자의 포스터가 걸려 있었다고 한다. 그리고 '언젠가 이 남자와 결혼을 해야지.'라고 꿈꾸고 있었다.

또한 캐서린은 말보로 컬리지의 생활을 상당히 충실하게 수행했다. 학습 면에서는 GCSE 시험의 11과목을 보기 좋게 합격했다. A레벨 시험에서는 수학과 미술에서 'A', 영어 'B'라는 우수한 성적을 거두었으며, 윌리엄 왕자와 같은 스코틀랜드의 세인트 앤드류 대학교 진학을 결정했다. 스포츠에서도 두각을 나타내어 테니스, 하키, 배구에서 활약했다. 특히 육상경기가 특기인 캐서린은 학교 대표 높이뛰기 선수로 선발되기도 했다.

그리고 대학 입학 전에는 역시 갭이어를 가져 이탈리아의 피렌체에서 12주 동안 이탈리아어를 연구했으며, 개발도상국으로 넘어가 봉사활동에 참가하기도 했다.

※ 일반 가정에서 시집온 미래의 왕비

캐서린은 2001년 9월 윌리엄 왕자와 같은 해에 세인트 앤드류 대학교의 학생이 되었다. 전공은 미술사였으며, 4년 후인 2005년에는 2:1라는 특급 성적으로 졸업했다. 잉글랜드와 웨일스, 북아일랜드의 대학은 3년제이지만 같은 영국에서도 스코틀랜드의 경우에는 일본과 마찬가지로 4년제이다. 이때의 윌리엄과의 로맨스는 너무 유명하기 때문에 그 이야기는 여기서는 생략하도록 하겠다.

어쨌든 캐서린은 로열패밀리 역대 공주들 중에서도 최고위 학력을 뽐내며 스포츠도 만능, 게다가 예술에도 조예가 깊은 지적인 여성이다. 게다가 일반가정에서 시집온 미래의 왕비는 영국왕실의 긴 역사 속에서도 351년 만의 일이다.

일반 가정에서 시집 온 캐서린 비가 앞으로 얼마나 멋진 로열패밀리가 될지, 다이애나 전 왕세자비가 이루지 못한 '보통'의 행복한 가정, 그리고 이상적인 엄마상이 되어 주기를 영국 국민들은 기대하고 있다.

그렇다면 이 캐서린 비의 어머니 모습에 대해서는 다음 장에서 소개하겠다.

윌리엄 왕자, 공작 부인 캐서린과 해리 왕자는 런던에서 어려움에 있는 사람들을 도와주는 단체가 주최 크리스마스 파티에 참석

영국왕실의 새로운 교육혁신

조지 왕자와 샬롯 공주, 새로운 로열 베이비들에게는 어떠한 교육이 기다리고 있을지 기대된다. 이 장에서는 두 명의 탄생을 기념하며, 영국왕실의 유치원 교육에 대해 소개하고자 한다.

조지 왕자
장난꾸러기 미래의 왕을 기다리고 있는 교육

조지 알렉산더 루이스 오브 케임브리지 왕자는 2013년 7월 22일에 윌리엄 왕자와 캐서린 비 사이에서 장남으로 태어났다. 미래의 영국왕이 탄생한 것이다. 찰스 왕세자, 그리고 윌리엄 왕자의 뒤를 이을 왕위 계승 서열 3위인 왕자의 탄생에 영국은 들끓고 있다.

연방국에서 첫 번째 데뷔

로열패밀리에게 중요한 일 중 하나가 영국연방 각 국을 방문하는 것이다. '영국연방왕국(영국자치령)'이란 예전의 대영제국에 속했다가 그 후 독립한 국가들이다.

대표적인 나라로 캐나다, 호주, 뉴질랜드가 있다. 이 나라들의 국가원수는 영국 왕, 즉 현재는 엘리자베스 2세 여왕이다. 물론 연방 각 국에서의 국가 원수는 형식적인 의미가 강하지만, 영국에 살면서 느껴보니 영국 본국과 그 연방 각 국과의 긴밀함은 긴 역사의 과정 속에서 강하게 구축되어 왔다는 것을 실감할 수 있다.

그 예로 2014년 여름에 스코틀랜드에서 개최된 '영연방 경기 대회'를 들 수 있다. 영연방 경기 대회는 4년마다 개최되며, 이른바 영국연방의 올림픽과 같은 것이다. 이 해에는 영국을 포함한 71개국과 지역에서 약 5,000명이나 되는 선수가 참가해 17종목을 약 2주간에 걸쳐 경기했다. 게다가 개최지가 영국 국내였던 것만큼 2012년 런던 올림픽을 방불케 하는 엄청난 열기였다. 물론 개회식, 폐회식뿐만 아니라 관전석에는 로열패밀리의 모습이 매일같이 매스컴을 떠들썩하게 했다.

2014년 영연방 경기 대회의 개최를 앞둔 4월에 로열패밀리의 전통에 따라 연방 각 국을 방문했다. 당시의 주역은 조지 왕자와 윌리엄과 캐서린이였다. 신문과 잡지에서는 뉴질랜드와 호주를 순회하는 18일간의 투어를 '빅홀리데이'라고 칭했다. 일본에서도 뉴스를 통해 접한 사람들이 많을 것이다. 이때 대대적으로 조지 왕자가 첫 선을 보인 것이다.

사실 윌리엄도 31년 전 생후 9개월이였던 1983년에 부모 찰스와 다이애나와 함께 뉴질랜드와 호주를 방문했다. 훗날 영국을 비롯한 연방각국의 원수가 될 왕자의 '전통적'인 로열패밀리식 '데뷔

윌리엄 왕자 일가의 캐나다 공식 방문

투어'인 것이다.

말이 빅홀리데이지 스케줄은 연일 빡빡하다. 특히 영국에서 크게 보도된 것은 어린 로열패밀리의 호주 동물원에서의 모습과 뉴질랜드의 어느 '플레이그룹'에 참가한 모습이었다.

플레이그룹이란 지역의 초보맘이나 아빠들이 생후 얼마 지나지 않은 아기를 데리고 모여, 아기를 놀리면서 부모들끼리 커뮤니케이션을 도모하는 중요한 장소이다.

플레이그룹은 지역 커뮤니티센터나 교회를 장소로 쓴다. 보통은 평일 오전 중에 주 2회 정도 모인다. 여기에서 초보맘들은 앞으로 보낼 유치원과 초등학교의 정보를 교환하면서 아기들도 '집단생활'에 조금씩 적응할 준비를 한다.

로열패밀리가 애용하는 수퍼 내니

영국에서 유아들의 교육을 위한 특히 상류계급에서의 보모는 빅토리아시대부터 '내니'라고 불리며, 영유아가 있는 가정에서는 필수불가결한 존재였다.

내니는 일본에서 말하는 '베이비시터'이다. 영국에서는 옛날부터 내니의 역할을 그 가정에 같이 살면서 가족의 일원이 되어 엄마 대신 육아를 담당하는 것으로 정하고 있다.

한편 '거버너스'는 예전의 상류계급들이 자제를 학교에 보내지 않고 가정 내에서 학습시키기 위해 고용한 교사를 말한다.

어쨌든 내니와 거버너스는 아이가 있는 가정의 교육에서 상당히 중요한 위치에 있으며, 상류계급의 사회적 지위를 나타내는 기준이 되기도 한다는 점은 이미 본서에서 거론한 바 있다.

조지 왕자가 태어났을 때에도 과연 어떤 내니가 고용될지 큰 화제가 되었다. 당초에는 '가능한 한 보통의 아이들처럼 키우고 싶다.'는 캐서린 비의 희망도 있었고 출산 직후 궁전이 아닌 캐서린 비의 친정, 즉 일반 가정에서 조지 왕자의 외할머니이자 캐서린 비의 엄마인 캐롤 미들턴이 육아를 도와줬기 때문에, 이대로 내니를 고용하지 않고 그야말로 보통의 가정처럼 조지를 키우려는 건가(!) 하는 놀라움의 소리도 있었다.

하지만 역시 출산 후 공무로 바빠진 캐서린 비는 지금까지의 로열패밀리의 관습에 따라 조지 왕자를 위해 내니를 고용했다.

장래 영국왕의 내니로 고용된 사람은 스페인 사람인 마리아 보라료였다. 영국인도 아니고 출생도 교육도 스페인 사람인 마리아가 선택된 것은 의외의 일이었지만, 일부 미디어에서는 마리아를 내니로 받아들임으로써 조지 왕자의 스페인어 구사가 기대된다는 기사도 나오고 있다. 스페인어는 세계 공용어로 영어와 어깨를 나란히 하고 있다.

스페인 사람인 마리아가 켄싱턴 궁전에 고용되었을 때의 나이는 43세로 이미 베테랑의 내니였다. 또한 영국의 보육사 양성기관 명문학교인 '놀랜드 컬리지'에서 전문 교육을 받았다.

놀랜드 컬리지는 잉글랜드 남서부에 위치한 세계유산의 고장 배스에 있으며, 1892년에 창립된 역사 깊은 컬리지다. 놀랜드 컬리지의 제복은 빅토리아 시대의 집사나 메이드의 모습과 같이 역사적 풍격이 느껴지며, 마치 '메리 포핀스'가 영화의 스크린에서 튀쳐나올 것만 같은 매우 예스러운 장식으로 되어있다.

프로 보모를 목표로 한 교육 내용은 이미 정평이 나 있으며, 그 훈련비용은 연간 1만 3,000 파운드에 달한다. 영국의 국립대학의 연간 수업료의 상한이 9,000 파운드인 것을 생각하면 얼마나 파격적인 수업료인지를 알 수 있을 것이다. 그래도 입학 희망자가 끊이지 않는 내니 훈련학교이다. 상류계급이 존재하는 한 수퍼내니의 수요는 계속될 것이며, 이는 영국에서만 볼 수 있는 시스템이다.

영국 초등학교의 입학식

일본은 4월이 입학 시즌이다. 만개한 벚꽃 아래 새로운 가방을 자랑스럽게 맨 1학년들의 모습에 어른들의 얼굴도 밝게 피기 시작하는 계절이다. 한편 이곳 영국의 초등학교 입학식은 정확하게 말하면 없다. 조지 왕자나 샬롯 공주는 장래에 어느 초등학교에 갈까? 물론 사립의 프랩스쿨로 가겠지만, 입학처를 알기까지는 시간이 좀 더 걸릴 것이다.

지금부터는 일반적인 영국의 초등학교 입학 시즌에 대해 소개하겠다.

영국의 초등학교는 학기마다 행사가 있는 일본의 초등학교와는 달리 매우 심플하다. 먼저 신년도의 시작은 9월이며, 9월에 만 4세가 되는 아이들이 '리셉션'이라고 불리는 최초학년으로 입학한다. 대개는 9월의 첫째 주에 새로운 학년이 시작되는데, 처음 2, 3주 동안은 '적응 보육'이 아닌 '적응 초등학교 생활'을 한다.

단, '4세'라는 숫자에 놀라는 사람도 있을 테지만, 앞에서도 서술한 것처럼 영국의 초등학교는 일본보다 2년 가까이 빠른 4세부터 시작한다. 따라서 신입생들은 마치 유치원생과 같이 귀여운 아기들이다.

초등학교의 시작 시간은 대략 8시 50분 전후이다. 그 시간에 맞춰 보호자가 학교까지 데리고 간다. 그리고 첫 등교일, 일본과 같은 거창한 '입학식'도 없을 뿐더러 학기를 시작하는 '시업식'도 없다. '어셈블리'라고 불리는 아침 조회에서 '오늘 신입생들이 왔네

요.' 정도의 멘트를 교장 선생님이 가볍게 거론하는 정도이다.

조금 다른 이야기지만 영국의 아동보호법은 상당히 엄격하다. 잉글랜드에서는 12세까지, 웨일스와 북아일랜드에서는 14세까지, 스코틀랜드에서는 16세까지, 아이 혼자서 통학하거나 외출은 물론 자택에 혼자 두는 것도 금지되어 있다. 즉, 아이의 '첫 용돈'도 12세 이상이 되었을 때에 허락된다.

엄마와 함께 프리프랩스쿨에 등교하는 윌리엄과 해리

그리고 아이가 초등학교에 올라간다는 것은 아빠나 엄마, 혹은 할아버지나 할머니가 매일 학교에 데리고 다녀야 하는(!) 새로운 일과가 추가되는 것을 의미한다. 입학 직후에는 점심시간 전후에 데리러 가지만, 금세 오후 3시 반 전후로 하원 시간이 바뀐다. 하지만 이렇게 아이를 등하원시키는 일은 초등학교 졸업까지 약 7년 간 계속된다.

예전 다이애나 전 왕세자비가 자식인 윌리엄과 해리 왕자를 유치원과 초등학교에 등하원시키는 모습에 영국 국민들은 '서민파 프린세스 다이애나'라며 크게 환영했다. 캐서린도 분명 윌리엄을 데리고 직접 초등학교 등하원을 시킬 것 같다. 어쨌든 출산 직후 퇴원해 켄싱턴 궁전으로 가는 길을 운전수가 아닌 윌리엄 자신이 직접 운전했을 정도이다. 이미 아빠 역할을 120% 수행하는 윌리엄의 모습에 대중들은 크게 기뻐하고 있다.

하지만 영국도 여느 나라와 마찬가지로 여성들의 육아와 일의 양립은 큰 문제가 된다. 특히 학령기의 아이를 가진 엄마들이 아이 학교의 등하원과 일을 양립한다는 것은 쉽지 않은 문제이다. 단, 아빠들의 육아참가율이 일본과 비교할 수 없을 정도로 높고, 아빠의 육아휴직이나 초등학교의 등하원을 아빠가 담당하는 경우도 많다. 영국 사회전체가 일본보다 육아에 대한 이해가 깊은 분위기이기 때문에 어떻게 하기만 하면 양립이 가능하다.

육아를 마친 지금이기에 말할 수 있는 것일지도 모르겠지만, 매일 차를 타거나 걸어서 아이와 함께 등하교하며 짧은 시간일지라도 아들과 서로 나눴던 대화는 매우 귀중하고 분에 넘치는 시간이었다.

심플하지만 일본과는 다른 좋은 점이 있는 영국의 초등학교, 조지 왕자와 샬롯 공주가 초등학생이 되기까지는 아직 조금 시간이 남았지만, 캐서린과 윌리엄의 엄마, 아빠 모습이 기대된다.

※ 마법 같은 영국의 이중언어자 교육

지금까지 영국의 초등학교에 대해 이야기를 했는데, 이번에는 현지 학교에서 실제로 이루어지고 있는 초등학생 대상의 이중언어자 교육을 소개하겠다.

이민이 많은 영국에는 영어를 전혀 못하는 아이들이 '신입생'이나 '전입생' 형태로 학급에 들어오는 일이 드물지 않다. 영어의 보습수업인 'ESL(English as a second language/제2언어로서의 영어)'은 이 명칭만으로도 유명하며, 보딩스쿨 등에서 유학생을 수용할 경우에도 ESL이 과외 수업으로 이루어지고 있는 경우가 대부분이다.

하지만 공립학교의 경우에는 지자체에 의해 ESL과는 다른 영어교육이 이루어지고 있다. 이 영어교육은 초, 중등교육 현장에서 이루어지는 'EAL(English as an Additional Language/추가언어로서의 영어)' 교육이다. 이것은 소수민족인 이민한 아이들을 대상으로 한 이중언어자 교육이다. 이 목적은 바이링거리즘(2개 언어 병용)과 문화의 다양성을 촉진하는 것으로, 단순 영어보강을 위한 ESL과는 다르다. 오히려 글로벌리즘인 점에서는 한 발 앞서있는 생각이다.

사실 아들이 현지학교로 전학 왔을 때에 이 EAL 교육을 받았다. 주 2회, EAL 트레이닝을 받은 전문 교사가 초등학교에 부임해 맨투맨으로 영어교육을 실시한다. 각 회 시간이나 학습 내용은 대상아동의 연령과 영어능력에 따라 다르지만 아들의 경우에는 영어능력이 제로, 모국어인 일본어도 7세였기 때문에 초등학교 저학년 수준에서 시작했다.

당초에는 교실이 아닌 별실에서 선생님과 둘이서만 게임과 퍼즐 등의 '놀이'를 하며 간단한 단어를 익히거나 자신의 반 친구들의 이름을 정확하게 발음하고 철자를 어떻게 쓰는지에 대해 배웠다. 서서히 귀가 익숙해졌을 때부터 교실 안에서 EAL 선생님이 서포트를 해주는 형태로 진행된다. 그리고 반 수업을 문제없이 따라갈 수 있을 영어능력이 준비되었다고 판단되면 이 서포트는 비로소 종료된다.

EAL 자료에는 아이를 서포트하는 기간에 대해 '약 2세부터 시작되는 문자해독능력을 완전히 습득하기까지 필요한 기간은 5년에서 7년이다. 인지와 학술에 필요한 언어능력을 기본으로 생각한다.'라고 되어 있듯이 아이의 능력에 따라 2년 만에 종료하는 아이가 있는가 하면 4년 이상 계속되는 아이도 있다. 그동안 부모가 도와주는 경우는 거의 없다. 오히려 가정에서는 반듯이 모국어로 대화하도록 지도를 받는다.

'수업에 쫓아가지 못하면 안 된다'는 생각으로 부모도 그만 영어로 말하거나 영어 공부를 가정에서 시키게 되는데, EAL은 이중언어자 교육을 염두에 두고 있기 때문에 일본어와 같이 특수한 언어를 어떻게 유지할 것인가도 중요하게 생각한다. 따라서 가정에서는 '절대적으로' 일본어로 대화하도록 신경을 써야만 한다.

이 서포트 시스템은 각 지자체가 주체가 되어 시행하고 있는 'EMA(Ethnic Minority Achivement/직역:소수민족달성)' 서비스다. 그 중에서도 공립학교에 파견된 전문가에게 받는 서비스는 무료로 이루어진다. 아들은 이 혜택을 받아 반년 후에는 라디오 영어 뉴스를 부모에게 일본어로 설명할 수 있는 수준이 되었으며, 2년이 채 되지 않았을 때에는 영국인 아동 대상 영어 시(poem) 콘테스트에 입상할 정도까지 되었다.

그리고 무엇보다도 놀라운 것은 일본과 영국의 문화 차이를 몸으로 느끼고 이해하며 서로가 그 차이를 설명할 수 있도록 이중언어자가 아닌 바이컬쳐(다른 문화의 이해, 병용)로 키워진다는 점이다. 이것은 영국만이 가진 진정한 이중언어자를 위한 교육이라고 생각한다.

샬롯 공주
새로운 로열 에듀케이션의 개막

2015년 5월 2일, 윌리엄 왕자와 캐서린 비 사이에서 대망의 둘째 샬롯 공주가 태어났다. 정식명은 샬롯 엘리자베스 다이애나 오브 케임브리지 공주이다. 조부의 이름(샬롯은 찰스의 여성명)과 위대한 증조모의 이름, 그리고 지금은 사망한 조모에 해당하는 다이애나 전 왕세자비의 이름을 딴 것으로, 영국 국민도 '불만 없는 이름'이라며 매우 만족해하고 있는 모양이다.

샬롯 공주는 조지 왕자에 이어 영국 왕위 계승자 중 한 명이다. 향후 어떤 교육기관에서 배울지 조지 왕자와 함께 크게 주목을 받게 될 것이다.

영국식 젖떼기의 시련

영국이든 일본이든 둘째가 태어날 때에는 때때로 첫째가 '아기로 되돌아가는 퇴행' 행동을 보여 엄마의 골머리를 썩게 하는데, 조지 왕자의 경우에는 아직 어리기 때문에 캐서린 엄마를 힘들게 하지 않을지도 모른다. 사실 영국에서는 아이의 '퇴행' 현상보다 엄마와 아이에게 더 큰 시련이 있다. 이는 1세의 생일을 기점으로 닥치게 되는데, 바로 '젖떼기'다.

일반적으로 모유기의 젖떼기라고 하면 '단유'를 말하는 경우가 많다. 하지만 영국식 젖떼기의 경우에는 아기를 부모와 같은 침실에서 독립된 아이 방으로 옮기는 것을 말한다. 물론 조지 왕자나 샬롯 공주를 비롯한 로열패밀리는 태어날 때부터 부모 방이 아닌 아이 방, 너서리 룸이 준비되어 있을 것이다. 또한 서양에서는 처음부터 부모와 아이가 다른 방을 사용하는 일이 일본에 비해 훨씬 많다.

그래서 영국에서 국제결혼을 해서 아기를 낳은 일본인 엄마들은 이 영국식 젖떼기를 매우 힘들어한다. 아기 입장에서도 어제까지 엄마 옆에서 안심하며 잘 수 있었는데, 어느 날 갑자기 엄마도 아빠도 없는 상당히 넓게 느껴지는 아이 방 침대에 혼자 누워 있어야만 하는 것이다. 그렇기 때문에 대개 지쳐 쓰러져 잠이 들 때까지 큰 소리로 우는 경우가 많아 엄마와 아기 모두 이 젖떼기에 적응할 때까지 일본의 '단유'보다 심한 고통을 겪어야만 한다.

이렇게 최초의 '자립'을 재촉당하는 영국의 아기들이지만 그렇다고 쉽게 자립할 수 있는 것은 아니다. 오히려 이 때문인지 서양의 아이들에게 자주 볼 수 있는 것은 아기 때부터 손에서 놓지 않는 인형이나 수건, 담요 등이다. 대표적인 것으로 스누피가 활약하는 만화 '피넛'의 등장인물인 라이너스가 항상 가지고 다니는 담요와 영국의 아동문학 '곰돌이 푸우'에 등장하는 테디베어 인형 등이 그렇다. 이것은 엄마와 떨어진 불안감을 인형이나 담요를 통해 엄마의 존재를 잊고 안심하는 체험을 하기 때문에 아이들에게는 '없어서는 안 될 물건'이 된다.

지금까지 영국의 육아에서는 '늦어도 1세가 되기 전에 아이에게 부모와 다른 방을 주는 것이 자립을 위해 필요한 것'이라고 믿어왔다. 하지만 최근의 연구에서는 이 1세를 기점으로 하는 '젖떼기'나 조기 단유를 의문시하는 목소리가 나오고 있다. 특히 영아기~유아기 때에 어머니와의 무리한 분리는 아이에게 확실한 '애정'을 구축해줄 기회를 잃어 장래 어른이 되었을 때에 '애정'에 대한 불신감을 가지는 결과를 초래한다고도 한다.

영국 컨트리사이드에서의 육아
샬롯 공주의 출산을 앞둔 캐서린과 윌리엄은 가족 네 명의 새로운 생활을 위해 착실하게 준비했다. 캐서린이 둘째를 임신한 후에 윌리엄은 민간의 '이스트 앵글리아 항공 구급대'에 재취업을 하기 위한 훈련을 개시했다는 뉴스가 보도되었다. 장래 영국왕이 될 왕자가 민간 헬리콥터를 조종하고 구급 원조를 하는 등 적지 않은 위험을 동반한 업무를 한다는 것이다. 영국 국민의 대부분이 이례적인 왕자의 재취업 뉴스에 많이 놀란 사건이었다.

사실 이 재취업은 아이가 어릴 동안은 조금이라도 가족과 함께 하는 시간을 소중히 하고 싶은 윌리엄과 캐서린의 라이프 플랜의 하나다. 윌리엄이 공무를 소홀히 하는 것은 결코 아니지만, 공무에 소홀하다는 인상을 국민들에게 주지 않기 위해 윌리엄은 '목숨 걸고 국민을 돕는 임무'를 선택했다.

조지 왕자가 태어난 후 켄싱턴 궁전에서 생활했지만 재취업으로 인해 근무처에 가까운 노퍽으로 이사를 가게 되었다. 새로운 거주지는 조지언 양식으로 건축 200년을 자랑하는 역사적 건조물이다. 이곳에는 10개의 침실과 수영장, 테니스코트, 그리고 조지 왕자의 내니의 주거지도 준비되어 있다.

물론 런던의 켄싱턴 궁전이 윌리엄 일가의 정식적인 주거지임에는 변함이 없다. 엘리자베스 2세가 런던의 버킹엄 궁전과 윈저성을 왕래하는 것처럼 두 곳의 집을 왕래하는 경우도 많다.

단, 노퍽은 런던으로부터 차로 2시간은 걸리는 컨트리사이드다. 말하자면 윌리엄은 '샐러리맨'으로서의 일상생활을 하며 향후 당분간은 '영국의 보통 아빠'들의 생활을 이 컨트리사이드에서 보낼 것이다. 그리고 조지 왕자와 샬롯 공주가 영국만의 아름답고 유유자적한 환경에서 길러질지 아님 다른 길을 선택할지, 이들의 교육에 이목이 집중되고 있다.

그래도 캐서린과 윌리엄에게는 '보통 양육'을 목표로 한 다이애나의 의사를 훌륭하게 관철시키려는 '부모로서의 자세'가 강하게 느껴진다. 이 둘의 노력은 분명 조지 왕자와 샬롯 공주에게 훌륭한 교육환경을 제공해줄 것이다.

또한 가족과의 시간을 무엇보다도 소중하게 생각하는 영국 국민들에게 21세기의 '영 로열패밀리'는 새로운 영국왕실의 개막이라며 대대적으로 환영받고 있다는 사실은 주지의 사실이다. 그들의 훌륭한 결단과 행동이 장래에 결실을 맺도록 영국에 거주하는 일반 시민으로서도 소망하는 바이다.

영국 왕실의 글로벌 교육

영국에는 질 높은 교육을 받기 위해 전 세계의
아이들이 모여들고 있다.
일본의 아이들도 가능한 한 어릴 때부터 진정한 영국 왕실의
글로벌 교육을 체험하면 좋을 것 같다.

일본에서 영국으로
우리 아이를 왕자 & 공주로 키우는 방법

국경을 불문하고 지지받는 영국 왕실

새로운 시대를 살아가고 있는 지금의 아이들이야 말로 진정으로 '세계에서 통용'되는 사람이 돼야 한다고 생각한다. 세계에 통용되기 위해서는 세계 공통어인 영어는 물론, 다른 인종이나 다른 문화에 대한 깊은 이해력과 높은 커뮤니케이션 능력을 겸비할 필요가 있다.

영국은 일본과 같이 작은 섬나라지만, 영국왕은 영국 연합왕국을 포함한 세계에 흩어져있는 16개 나라의 군주로서도 군림하고 있다. 물론 모든 나라가 영국과 마찬가지로 '군림은 하지만 통치는 하지 않는다.'는 원칙이 관철되어 있지만, 왕실 멤버는 연방국의 방문이나 형식적이지만 많은 공무를 겸임하고 있다. 연방국들은 이미 독립국인데 군주의 존재를 영국의 왕에게 요구하는 것은 어째서일까?

여기에는 다양한 정치적 이유도 있겠지만, 연방국의 상징인 전통 있는 영국의 왕실이 국경을 초월해 대중들에게 지지를 받고 있다는 증거이기도 하다. 여기에는 왕실멤버들의 고귀한 품성과 교양, 인종과 문화를 초월한 상호이해가 잘 성립되어 있기 때문이다.

영국의 왕실이나 귀족을 비롯한 상류계급의 아이들이 받는 영국 퍼블릭스쿨의 교육은 이렇게 진정한 의미에서의 글로벌 교육을 실천하고 있다. 교육의 질은 세계 1위를 자랑한다. 그리고 지금 그 명문학교들이 세계를 향해 크게 열려 있다.

초록 나무들로 자연에 둘러싸인 광대한 부지, 상쾌한 잔디가 끝없이 펼쳐진 필드, 역사적 건조물 급의 학교건물과 채플, 그리고 무엇보다도 전통 있는 보딩 라이프(기숙사 생활)에서의 전인교육.

우리 아이를 영국의 프린스, 프린세스와 똑같은 교육 환경에서 세계에서 통용되는 사람으로 키우고 싶어 하는 부모가 있을 것이다. 그러기 위해서는 어떤 방법이 있을까? 그 해답 중 하나가 영국으로의 유학이다. 우리 아이를 프린스 & 프린세스로 키우기 위해 필요한 부모로서의 마음가짐을 필자의 경험에 입각해 소개하고자 한다.

이중언어자 교육은 몇 세부터? – 저학년들에게는 위험한 영국유학

'연령이 낮을수록 영어를 배우기 쉽다.'는 말이 있다. 분명 이 말이 맞다. 우리 집 아들도 7세에 현지 학교에 넣은 덕분에 완전한 네이티브이자 퀸즈잉글리쉬를 구사한다. 하지만 이것이 함정이다. 저학년 때 100% 영어환경 안에 넣어 버리면 지금까지 모국어였던 일본어는 영어와는 반대로 점점 잊혀지고 만다.

특히 일본어처럼 어려운 언어는 가능하면 어릴 때에 확실하게 익혀 두지 않으면 습득하기가 너무나도 어렵다. 그 중에서도 초등학교에서 배워야 할 1006자나 되는 한자는 영어 어휘를 배울 때와 마찬가지로 이것들을 외우지 않는 한 언어능력은 향상되지 않는다. 그런 배움의 기회를 해외에서 어떻게 보충할지가 실제로 해외에서 양육하고 있는 일본인 엄마들의 가장 큰 고민거리다.

일본에서 일부러 영국으로 유학을 오는 것이라면 우선 모국어인 일본어를 제대로 습득하는 것이 가장 중요하다. 일본어가 습득되지 않은 단계에서의 영국유학은 모국어가 영어가 되어 버린다는 사실을 충분히 자각해야만 한다. 최악의 경우에는 일본어도 영어도 어중간한 상태가 되어 버린다.

또한 모국어뿐만 아니라 그 아이의 정체성도 일본인이 아닌 경우가 많다. 어린 만큼 주위의 환경에 영향을 크게 받기 때문에 자신의 아이가 어른이 되었을 때 어디서 살 것인지와 같은 아이의 장래에 대해서도 확실하게 생각해 두지 않으면 영국인도 아닌데 일본인도 아닌 불안정한 정체성을 가지게 되는 결과를 초래하기도 한다.

모국어 정착은 9세부터 11세 - 역시 유학은 퍼블릭스쿨부터

일반적으로 모국어가 정착되는 시기는 9세에서 11세사이라고 한다. 또한 이 연령대에 영국과 일본을 왕래하게 되면 양쪽 언어가 머릿속에서 충돌하게 된다. 가능하면 이 3년 동안은 모국어로서의 일본어를 제대로 정착시키는 의미에서도 일본에서 교육을 받는 편이 좋은 것 같다.

영국의 퍼블릭스쿨은 남자라면 13세부터 여자라면 11세부터 입학이 가능하므로 타이밍도 아주 적절하다. 단, 10대 때의 해외유학은 그 아이의 적응력이나 성격에 따라 성공 여부가 크게 달라진다. 우선 우리 아이가 유학에 적합한 아이인지에 대해 진중하게 생각해 봐야만 한다.

가장 중요한 것은 본인의 마음가짐이지만 의지가 아무리 강하더라도 기숙사 생활이라는 집단생활에 적응할 수 있는 순응성이 있는지, 다른 연령의 아이들과도 쉽게 어울릴 수 있는 커뮤니케이션 능력을 겸비하고 있는지가 중요하다. 영국인 아이들조차도 보딩스쿨(기숙사 학교)에서의 생활은 향수병이나 정신적 불안을 갖게 되는 경우가 적지 않다. 유학을 생각할 때에는 아이의 성격을 충분히 염두에 두고 결정해야만 한다.

인터내셔널 스쿨과 영국 보딩스쿨의 차이

인터내셔널 스쿨은 영어능력을 키우기 위해, 장래 해외 대학 진학을 위해, 또한 글로벌 인재가 되기 위해 등의 이유로 일본에서도 일반적인 학교로 인식되어 가고 있다. 인터내셔널 스쿨의 교문을 들어가면 그곳에는 작은 국제사회가 존재한다. 세계 각지로부터 모인 다양한 국적의 아이들이 한 장소에서 학습하는 것은 대단히 훌륭한 일이다. 어쨌든 바다를 건너 멀고도 먼 나라에 우리 아이를 보내지 않고도 해결이 된다.

한편 퍼블릭스쿨인 영국의 보딩스쿨에 우리 아이를 유학시키기 위해서는 인터내셔널 스쿨 수준의 높은 수업료에 기숙사비, 항공비까지 훨씬 더 많은 비용이 든다.

하지만 '영국에서 배우는 것'은 그 아이에게는 큰 재산이 된다. 밖에서도 안에서도 영어밖에 통하지 않는 환경에서 영어를 사용해 살아남고, 반 친구들과 함께 절차탁마하는 것은 역시 영국 보딩스쿨이라는 환경에 몸을 두지 않는 한 경험할 수 없는 일이다. 세계의 왕족이나 귀족, 실업가의 자식이 영국의 보딩스쿨을 유학처로 선택하는 이유는 영국의 교육 환경과 교육의 질이 훌륭하다고 평가되어지기 때문이다.

또한 영국의 보딩스쿨은 학생의 안전, 건강, 복지의 법적 기준이 상당히 엄격하다. 그리고 교원뿐만 아니라 기숙사 운영에 대해 전문적으로 공부한 기숙사 전용 시니어 스태프가 의무적으로 있어야 한다. 예를 들면 헤드 오브 보딩(기숙사 부장), 하우스 마스터(남성 기숙사 감독장)&하우스 미스트리스(여성기숙사 감독장), 그 밑으로 하우스 튜터(보충 담당교사&감독), 갭 어시스턴트(대학졸업 직후의 학생들과 나이 차이가 적은 기숙사 감독), 메이트론(기숙사 엄마:여성에 한하지는 않지만 기숙사 청소관리 및 학생들의 케어를 돕는 어시스턴트)이 있으며, 청소나 세탁을 담당하는 도메스틱 스태프가 하우스(기숙사)별로 배치되어 있다.

또한 정부의 교육수준국은 보딩스쿨이 '학생 한 명 한 명을 위해' 다방면에서 제대로 기능하고 있는지 엄격하게 감독하고 있다.

그리고 그 평가 결과를 게시해, 외부인도 열람할 수 있도록 한다. 그렇기 때문에 역사나 전통뿐만이 아니라 항상 시대에 걸맞는 최고의 교육의 장을 제공하지 않으면 학교 자체가 존속할 수 없는 경우도 있다.

아마도 이렇게 엄격한 기준을 두고 정기적으로 감독하고 있는 나라는 그다지 많지 않을 것이다.

진정한 글로벌을 지향하는 영국유학

현지에서 가장 중요한 안전망

중학생, 고등학생 혹은 대학생이 되었을 때 영국으로 유학하고 싶은 사람도 많을 것이다. 어쨌든 미성년자를 영국으로 유학 보내는 경우에는 부모가 주체가 되어 유학에 관한 올바른 정보를 수집해 우리 아이에게 적합한 보딩스쿨이나 어학스쿨을 선택하는 것이 중요하다고 생각한다.

특히 영국에서는 유학처에서 만 18세 미만의 경우 보호자 대리의 임무를 맡는 가디언을 필요로 한다. 이것은 나라 법률로 의무화되어 있다. 보딩스쿨에 따라서는 가디언을 학교에서 직접 구해주는 경우도 있지만, 아무래도 영국인보다는 언어의 장벽이 없고 현지 사정에 정통한 일본인 가디언을 붙이는 것을 추천한다.

가디언은 영국에서 부모 대신의 역할을 수행하는 대리인이므로 아이가 아플 때나 긴급 시에 아이에게 달려가 줄 수 있어야 한다.

그리고 여름방학이나 크리스마스 휴가 등 기숙사를 나와야만 할 때에는 그 기간 동안 지낼 방법을 강구하고 때로는 호스트패밀리가 되어 줘야 한다.

영어 능력의 여부와 상관없이 유학한 아이가 언제 어디에서라도 긴급사태에 처했을 때 해결이 될 수 있도록, 부모는 현지에서의 안전망을 정비해 둘 책무가 있다는 점을 잊어서는 안 된다. 이를 위해서도 현지의 가디언과는 언제든지 커뮤니케이션이 가능하고 서로를 신뢰하며 이인삼각으로 아이를 보호할 수 있는 관계를 구축하는 것이 무엇보다도 중요하다.

유학할 아이가 영어 능력에 자신이 없는 경우라면, 일본에 있는 동안 가능한 빨리 유학을 위한 영어 학습을 시작하고 영어 능력을 향상시키기 위해 노력해야 한다. 그리고 일본 학교는 3월이 학년 말이지만 영국은 9월에 연도가 시작하기 때문에 반년 동안의 갭이 있다. 그 기간을 이용해 영국에서 어학연수를 받는 것도 상당히 효과적이다.

세계기준의 참교육을 보고 느낀 점

고등학생이나 대학생 또는 사회인이 된 이후의 영국유학도 본인이 마음의 준비만 되어 있다면 훌륭한 성과를 얻을 수 있다. 그 경우에도 가장 중요한 것은 역시 유학 전에 현지의 올바른 정보를 수집하고 유학하는 본인에게 적합한 교육기관을 선택하는 것이다.

일본에 이미 유학을 위한 많은 에이전트가 있지만, 영국 교육법은 이민법과 마찬가지로 하루가 다르게 변화하고 있다. 그렇기 때문에 에이전트는 최신 정보를 파악하고 가디언을 포함한 현지에서의 백업 체제가 잘 갖춰진 곳으로 골라야 한다.

물론 발달된 인터넷을 이용하여 현지 서포트 기관과 직접 상담하는 방법도 있다. 필자 자신도 직접 상담을 받으며 에이전트로서 그리고 가디언으로서의 서포트를 담당하고 있다.

이때에 항상 염두에 두고 있는 것은 모든 유학생들에게 진정한 영국의 훌륭함을 체험하고 느끼게 해주고 싶다는 생각이다. 이를 위해 유학생들이 최선의 교육기관과 생활환경을 선택하고 또한 다양한 체험을 할 수 있도록 노력한다.

왜냐하면 일본인 유학생 한 명 한 명이 영국에서의 체험을 통해 진정한 국제인이 되어 훗날 일본을 위해 쓸모 있는 인재가 될 것이라고 믿기 때문이다.

'세계에서 통용되는 인재'란 영어뿐만이 아니라 다른 인종과 문화를 수용하고 상대방을 이해할 수 있으며, 대등한 입장에서 커뮤니케이션이 가능한 능력을 겸비하고 있는 것을 의미한다. 영어는 어디까지나 커뮤니케이션 도구의 하나에 불과하다. 영어권의 사람들이 일본인에게까지 네이티브 수준의 발음을 요구하지 않기 때문에 걱정할 필요는 없다.

이민자들이 인구의 절반을 점유하는 런던 등에서는 인도계, 러시아계, 중국계, 세계의 다른 나라 사람들이 '영어'라는 도구를 가지고 의사소통을 한다. 여기에는 인도 억양, 러시아 억양, 중국 억양의 영어들이 난무하지만 별 문제없이 원활하게 소통되고 있다.

또한 주말마다 런던을 비롯한 영국 각지에 있는 세계최고봉의 미술관이나 박물관 등을 방문해 일류에 접할 수 있다. 그리고 다양한 언어나 인종이 섞인 사회에서 사람들이 어떻게 생활하고 있는지 여행자로서가 아닌 같은 영국에 사는 '생활자'로서 체험할 수 있다.

이처럼 세계의 기준들을 몸소 체험해 봄으로써 네이티브처럼은 아니더라도 네이티브와 같은 무대에서 생활하는데 부족함이 없다는 자신감을 조금이라도 어릴 때 구현해 보는 것이 무엇보다 중요하다.

가장 중요한 것은 어릴 때에 세계기준에서의 '일류'를 보고 접하는 것이다. 그리고 영어든 뭐든 겁먹지 않는 도량을 키우는 것이다. 언제나 당당한 영국의 잰틀맨과 레이디의 대표격인 왕자&공주들을 통해 우리아이를 키우는 방법을 찾을 수 있다. 그것이 영국에는 있다.

맺음말

영국에 건너온 지 이제 곧 15년이 된다. 영어는 학창시절부터 가장 못하던 과목이었음에도 불구하고 최근 10년 가까이는 영국인과 함께하는 일이 대부분이었다. 물론 공통 언어는 영어이다. 15년 정도 있으면 영어는 자연스레 유창해질 것이라고 생각하겠지만, 이것은 슬프게도 망상에 불과하다. 역시 나이 40 넘어서의 배움에는 한계가 있다. 오히려 나를 뒷받침해 준 것은 일본에서 쌓았던 경험과 그에 따른 자신감이다. 그리고 아무리 치졸한 영어 실력일지라도 상대방을 이해하고 수용해 주려는 속 깊은 영국이기에 지금의 내가 있는 것이다.

글로벌 환경에서 살아남는 비결은 매너를 익힐 것, 모럴을 가질 것, 그리고 상호간의 차이를 인정할 것, 신뢰관계를 구축할 수 있는 커뮤니케이션 능력을 가질 것 등이다. 그리고 이를 위한 도구 중 하나가 바로 영어능력이다.

2015년 6월 13일 엘리자베스 여왕의 공식 탄생일을 축하하는 날, 버킹엄 궁전의 발코니에 로열패밀리가 모였다. 발코니의 중앙에 엘리자베스 여왕과 찰스 왕세자, 그리고 윌리엄 왕자가 조지 왕자를 안고 섰다. 영국 군주의 계승자 4세대 일동이 국민 앞에 서서 마치 21세기 영국왕실의 황금시대를 개막하는 것과 같은 느낌이 드는 광경을 보여줬다.

우리들은 지금 정보 통신의 발달에 따라 예전과는 달리 세계의 거리감이 거의 느껴지지 않는 사회에 살고 있다. 영국 왕실의 뉴스도 거의 동시에 일본에 전파된다. 이러한 국제사회에 태어난 이상 서로의 문화나 가치관의 차이를 공유할 수 있는 능력이 필요하다. 이것은 일본에 국한된 것이 아니라 여기 영국에서도 마찬가지다. 모국어가 세계 공통어로 여겨지는 영어지만 학문뿐만 아니라 도덕, 예술, 생활 등의 교육에 중점을 두는 퍼블릭스쿨 및 우량사립학교에 아이를 입학시켜 나라를 뒷받침할 수 있는 글로벌 엘리트를 양성하고 있다.

의무교육 시기의 세계학력조사 등에서는 항상 일본에 미치지 못하는 영국의 교육임에도 불구하고 어째서 세계로부터 지지받고 있는 것일까? 책상에서 배우는 지식도 물론 중요하지만 이것만이 아니라는 것을 본서를 통해 조금이라도 느낄 수 있었으면 한다.

본서의 집필에 도움을 주신 가와데쇼보신샤(河出書房新社)의 무라마츠쿄코(村松恭子) 님, 그리고 영국 보딩스쿨에 대해 배울 수 있는 기회를 제공해 주신 관계학교의 모든 분들께 이 자리를 빌어 감사의 말씀을 드린다.

또한 본서가 지금부터 영국 유학을 목표로 하는 사람들과 이미 영국에서 유학을 하고 있는 사람들, 그리고 교육에 종사하는 사람들은 물론 육아가 한창인 엄마와 아빠들에게도 조금이라도 도움이 되기를 바란다.

오노(小野)

참고문헌

[자유와 규율-영국의 학교생활] 이케다키요시 이와나미신서 1963년

[영국에서 착한 아이, 일본에서 착한 아이] 사토요시코 주고신서 2001년

[대처개혁에서 배운다-교육정당화로 가는 길] 나카니시 데루마사 영국교육조사간편 PHP연구소 2005년

[그림설명 유럽왕비] 이시이미키코 가와데쇼보신샤 2006년

[그림설명 영국역사] 사시아키히로 가와데쇼보신샤 2002년

[영국특집 꽃이 있는 생활] 스튜어드커미니케이션즈 2006년 4월

[연재 프린스 조지의 영국풍 교육] 오노마리 [mr partner]

참고사이트

영국왕실

영국교육성

영국사립학교심의회

영국뉴스 다이제스트

영국왕실의 자녀 교육

1판 1쇄 발행 | 2017년 2월 25일
지은이 | 오노 마리
옮긴이 | 강지은
펴낸곳 | 북씽크
펴낸이 | 강나루
주　　소 | 서울시 성동구 행당동 192-29 성동샤르망 1019호
F A X | 02 6209 8193
등록번호 | 제 206-86-53244
E m a i l | bookthink2@naver.com
ISBN 978-89-87390-04-8 13590

잘못 만들어진 책은 구입처에서 교환해 드립니다.

2017ⓒ오노마리

Memo

Memo

Memo